Estado & desenvolvimento
Existe solução fora do livre mercado

Fausto Oliveira

ESTADO & DESENVOLVIMENTO
Existe solução fora do livre mercado

2022 © FAUSTO OLIVEIRA
2022 © EDITORA DE CULTURA
ISBN: 978-65-5748-031-1

Todos os direitos desta edição reservados

EDITORA DE CULTURA
Rua Baceúnas, 180
CEP 03127-060 – São Paulo – SP – Brasil
Fone: 55 (11) 2894-5100
atendimento@editoradecultura.com.br
www.editoradecultura.com.br

Partes deste livro poderão ser reproduzidas,
desde que obtida prévia autorização escrita
da Editora e nos limites da Lei no 9.610/98,
de proteção aos direitos de autor.

Primeira edição: Junho de 2022
Impressão: 5ª   4ª   3ª   2ª   1ª
Ano: 26   25   24   23   22

CIP-BRASIL. CATALOGAÇÃO NA PUBLICAÇÃO
SINDICATO NACIONAL DOS EDITORES DE LIVROS, RJ
Meri Gleice Rodrigues de Souza – CRB-7/6439

O47e

    Oliveira, Fausto, 1977-

    Estado e desenvolvimento: existe solução fora do livre mercado / Fausto Oliveira. -
1. ed. - São Paulo : Editora de Cultura, 2022.

        120 p. ; 18 cm.   (Inquietações contemporâneas)

        ISBN 978-65-5748-031-1

        1. Pobreza - Aspectos econômicos. 2. Neoliberalismo - Política governamental.
3. Política social. I. Título. II. Série.

22-77195   CDD: 339.46

                        CDU: 330.564

Sumário

	Primeiras palavras	7
1.	Uma ideia de desenvolvimento	10
2.	Desenvolvimento e indústria	24
3.	É possível desenvolvimento sem Estado?	38
4.	Estado + Mercado	45
5.	Resgatando o Estado desenvolvimentista	55
6.	Mapeando o caminho	69
7.	Políticas públicas atuais para produzir desenvolvimento	76
8.	Desenvolvimento no Brasil do século 21	92
	Palavras finais	110
	Saber mais	113
	Sobre o autor	116

Primeiras palavras

Este livro é fruto de uma longa experiência social, profissional e de estudo. Tendo visto e experimentado os primeiros momentos de implementação de conceitos de política econômica neoliberal no Brasil, cresci vendo seus efeitos se espalhando no meu entorno. As notícias que davam conta da deterioração dos sistemas públicos de saúde e educação se acumulavam em proporção correspondente ao aparecimento de novidades cada vez mais adaptadas aos preceitos de mercado privado. Rapidamente, tornou-se normal considerar a escola pública sempre ruim, a saúde pública sempre ruim. O mesmo se aplicou à oferta pública de energia, ao transporte público, ao espaço público e a tantos outros elementos e interfaces das quais depende a vida social.

Enquanto isso, inventavam-se substitutos privados para a coisa pública, que vinham embalados em novas institucionalidades, a exemplo de agências reguladoras que, na verdade, estavam a serviço das empresas, e em novas retóricas. A retórica da superioridade das relações de mercado sobre as relações de solidariedade formou uma cultura que, já quando me tornei profissional, obrigava cada vez mais gente ao trabalho desregulado, muitas vezes informal. Vivi a ascensão do chamado empreendedorismo, que, embora possa ser útil se bem trabalhado em um plano de desenvolvimento, serviu mais para impor uma comparação injusta e irreal. Ser empreendedor passou a ser sinônimo de bravura e vitória, enquanto ser trabalhador passou a ser sinônimo de fraqueza e derrota. A ideia de fundo é de que deve haver vencedores e perdedores. É o contrário daquilo que constrói uma convivência social civilizada.

Estudando o cenário de forma permanente, ainda que dispersa, percebi as causas e condições que levaram o Brasil a experimentar tamanha deterioração social nas quatro décadas (já um pouco mais) em que pude testemunhar o processo. Não é tão difícil ligar os pontos e formar um entendimento razoável acerca de um contexto social e econômico construído em cima de um fatalismo. Porque o fatalismo pode ser barulhento e ameaçador, mas também deixa suas falhas muito evidentes. O neoliberalismo e suas premissas, que estudaremos de forma introdutória neste livro, é este fatalismo. Em todas as suas formas e expressões, existe uma máxima conhecida pela sigla TINA em inglês. A frase com que seus defensores tentaram convencer todo o planeta diz, simplesmente, que não há alternativa – em inglês: *There Is No Alternative*.

Portanto, a nós caberia aceitar a nova ordem, com seus prejuízos coletivizados em nome de gordos lucros privatizados. A experiência que dá origem a este texto é exatamente a descoberta de que sim, há alternativas. Na verdade, tudo o que há são alternativas. Não há qualquer obrigatoriedade de que a vida social continue sendo isso que se tornou.

Mas contestar e afirmar alternativas não é suficiente. É preciso construir o novo contexto. Com que instrumentos? Em que direção? Como formular e trabalhar por este novo contexto? Estas são as questões de fundo que movem este trabalho.

1
Uma ideia de desenvolvimento

A maioria das pessoas no Brasil e em muitos países do mundo tem padrão de vida inferior ao necessário e que merece ter. E uma enorme porcentagem — tanto no Brasil quanto em outros países — vive em condições materiais absolutamente inaceitáveis.

Seria ocioso descrever a miserabilidade que afeta grandes contingentes sociais em nosso país: todos estão muito conscientes do que significa a vida para os extremamente pobres e os pobres brasileiros. Apesar disso, é relevante e necessário renovar o debate a respeito de causas e possibilidades de solução. No Brasil atual, tornou-se comum enxergar o problema da pobreza e das condições materiais insuficientes de maneira fragmentada.

Alguns observam o problema pelo viés da educação, afirmando que a pobreza pode ser superada uma vez que todos na sociedade tenham acesso a um sistema educacional de qualidade. Há quem diga que o problema é somente político, argumentando que o dia em que o Brasil estiver livre de corrupção, o dinheiro público poderá ser bem aplicado e então tudo aos poucos se resolverá. Outros defendem que temos um governo desorganizado e uma Justiça grande demais, afirmando que bastaria termos melhores instituições para que a sociedade pudesse usufruir de um melhor padrão de serviços públicos.

Intuitivamente, todos concordam que os problemas socioeconômicos — pobreza, desigualdade, diferenças entre regiões e entre bairros das cidades — têm muito a ver com a economia. Faz sentido, pois é fácil perceber a relação entre o nível de renda de uma família e o padrão de vida que ela tem. Padrão de vida, neste caso, inclui a qualidade dos serviços disponíveis no local onde a família mora (saneamento, transporte, escolas, saúde e outros), assim como seu poder aquisitivo, seu grau de acesso à cultura, sua disponibilidade de tempo livre para lazer e convivência, o grau de segurança de seu bairro, a existência de locais para encontros sociais, a disponibilidade próxima de comércios essenciais e outras variáveis mais.

Se a lista de fatores que podem definir um bom ou mau padrão de vida é tão ampla, como alguém pode querer discutir esse assunto apenas por um ponto de vista? Se levarmos em consideração que as comunidades humanas são naturalmente diversas e heterogêneas, todos esses fatores têm sua complexidade multiplicada. Em determinada comunidade, os equipamentos culturais disponíveis podem ser considerados insuficientes; em outra, os mesmos equipamentos bastam para satisfazer às necessidades locais.

Ou seja, é ainda mais difícil levar em consideração uma discussão sobre tais assuntos que não encare a realidade como ela é: múltipla, cheia de contradições e especificidades. Portanto, não há maneira de entender, propor e construir uma vida de boa qualidade para uma sociedade sem uma abordagem integral.

Atualmente, o Brasil não debate seus problemas socioeconômicos de modo integral. Por isso, e por outras razões notadamente políticas, existe uma cacofonia no debate público. Um ambiente de confusão e incompreensão, onde aquilo que pode ser bastante óbvio se perde e em seu lugar aparecem variadas explicações e propostas parciais, a maioria muito insuficiente para dar conta de uma realidade tão dramática como a do Brasil.

É preciso observar a realidade a partir de ponto que consiga ser abrangente. Isso faz toda diferença. Os problemas do Brasil, se os tomarmos em seu conjunto, nos oferecem a imagem clara de um mal-estar coletivo. Mesmo quem desfruta de bom padrão de vida não dispõe de bem-estar, pois tem preocupações com segurança pessoal e patrimonial e, em alguns poucos casos, experimentam o profundo drama moral de viver como ricos em um país com tantos miseráveis. (Muitos dos ricos não sentem nenhum constrangimento com isso, é claro, mas deveriam).

O fato é que o mal-estar é a marca da vida social brasileira. E ele tem muitas caras, muitas formas de expressão real. O ponto de vista que consegue englobar todo o mal-estar brasileiro em uma interpretação abrangente tem nome. Chama-se Desenvolvimento. É ele que o Brasil não tem e que vai se expressando de múltiplas formas em cada localidade, em cada geração. Sem desenvolvimento socioeconômico, entendido da maneira mais ampla possível, o país estará condenado a apenas resolver problemas pontuais com remédios paliativos. É como tratar o sintoma sem curar a doença. O paciente apresenta melhora temporária, mas, como não se curou da doença, outro sintoma vai aparecer logo em seguida para derrubá-lo outra vez.

Portanto, é preciso reaprender a debater o desenvolvimento socioeconômico. Por ser a noção mais abrangente possível para abordar os problemas de um país tão complicado como o Brasil, ele naturalmente apresenta aspectos muito variados. Este livro é introdutório e não poderia pretender esgotá-los, mas não importa: o mais importante é justamente entender o desenvolvimento socioeconômico em sua capacidade de conceito múltiplo e levá-lo a discussões focalizadas.

Além disso, é importante reconhecer que a noção de desenvolvimento mudou com o tempo. Na maior parte do século 20, poucos associavam a problemática ambiental com o desenvolvimento. Hoje, todos os que discutem a sério políticas para o desenvolvimento sabem que não se pode simplesmente autorizar a devastação ambiental. Assim como não se pode aceitar que o desenvolvimento expresse apenas sua face econômica de crescimento de riquezas sem haver uma boa distribuição dos benefícios. Por aí podemos observar como esta é uma discussão realmente complexa e vasta, propícia a muitas idas e vindas.

Então, chegamos a um ponto em que reconhecemos que os problemas socioeconômicos precisam ser tratados a partir de uma perspectiva geral e ampla, mas a noção que propomos para isso é também muito vasta e difícil de compreender. É necessário propor uma definição. O que exatamente estamos buscando ao falar em desenvolvimento? Esta é uma pergunta que muitos acadêmicos deixam sem resposta objetiva, e têm razão para isso, pois são de fato muitos aspectos envolvidos. Porém, este é um livro não acadêmico, que pode se permitir um exercício mais livre. Assim sendo, propomos uma noção de desenvolvimento como um conjunto de políticas de caráter econômico, social, institucional e político que construam uma conjuntura geral de bem-estar.

Uma conjuntura geral de bem-estar. Repare: não significa igualdade social plena, não significa atingir níveis estratosféricos de riqueza, não significa dominar todas as tecnologias mais avançadas. Esses fatores todos acabam fazendo parte do processo numa relação dinâmica. Quando o desenvolvimento ocorre e o país começa a sair da condição de mal-estar coletivo, a desigualdade social se reduz, a riqueza aumenta e o domínio de tecnologias (pelas empresas e também pelos cidadãos) cresce. O que afirmamos aqui é que essas condições são causas parciais e consequências parciais do processo de desenvolvimento. Nenhuma delas é suficiente, embora todas sejam em algum grau necessárias.

Porém, ao definir desenvolvimento socioeconômico como uma conjuntura geral de bem-estar, amplia-se o conceito para abarcar muitos outros fatores, como oferta de saúde pública universal e de alta qualidade, oferta de educação pública universal e de alta qualidade, manutenção de um dinamismo econômico que afaste de vez o problema do desemprego e do trabalho informal, oferta universal de infraestrutura de qualidade, de territórios urbanos e rurais bem estruturados etc.

Assim, fica entendido por que apenas uma noção tão ampla quanto o problema socioeconômico pode propor saídas para ele. Ocorre que, dito assim, pode parecer que o entendimento seja suficiente. Não é, pois é agora que o problema começa de verdade. E note que o Brasil de hoje sequer faz o debate correto. Quando recomeçar a debater o desenvolvimento, aí estará diante do problema, pois a questão de verdade é como iniciar e manter um processo tão amplo e diversificado quanto o desenvolvimento, com interfaces tão complexas e que usualmente fica sob disputas políticas severas.

Neste ponto, há um fato que consideramos essencial, sem cujo reconhecimento será impossível iniciar e manter esse processo no Brasil de hoje. É a centralidade econômica do desenvolvimento. Sim, o processo é vasto, complexo e engloba uma longa série de pontos não necessariamente econômicos. Mas o processo é intencional, o que significa dizer que não basta boa vontade. É preciso criar, direcionar, manter e multiplicar recursos econômicos para alimentar o processo. Sem tais recursos, o desenvolvimento não chega longe. Por recursos, entendemos não apenas dinheiro, mas também elementos como empresas privadas e públicas, fontes de energia, insumos produtivos, capacidade de trabalho social, infraestrutura de qualidade, governos eficientes, instituições funcionais, leis inteligentes e atualizadas entre outros fatores.

Esse conjunto de recursos precisa ser coordenado e gerenciado de forma intencional, ou seja, com a ideia clara de produzir a conjuntura de bem-estar. É claro que o processo não é linear nem homogêneo, mas cheio de percalços, contudo, é possível se houver uma coordenação inteligente de todos os recursos por um tempo longo o bastante. Lembremos: não basta querer uma vida de alto padrão para toda a sociedade; tudo precisa ser materialmente construído, mantido e ampliado. Para que isso aconteça, é indispensável mobilizar os recursos da sociedade na direção pretendida. Daí derivam dois fatos inegáveis:

(1) o desenvolvimento depende de questões essencialmente econômicas, apesar de não ser um processo exclusivamente econômico;
(2) é necessário que ele seja coordenado por alguém que consiga direcionar os muitos interesses particulares no rumo de um bem comum, que é a construção de uma conjuntura geral de bem-estar.

É por isso que os debatedores que de fato entendem e divulgam o desenvolvimento socioeconômico afirmam que o Estado é crucial para iniciar e manter o processo até que ele chegue a um ponto de realização realmente eficaz para superar as grandes mazelas do povo.

Numa sociedade contemporânea, o Estado é o único ente legítimo com capacidade para conduzir um processo de desenvolvimento socioeconômico. É evidente que os Estados são compostos por pessoas e que pessoas são falhas. Também é correto reconhecer que a própria qualidade institucional de um Estado pode estar aquém das necessidades reais de um processo de desenvolvimento. São dados da realidade que podem ser corrigidos pelo aperfeiçoamento que o Estado deve se impor e que a sociedade deve cobrar dele. Mas nada disso muda o fato de que o Estado é o único ente legítimo, numa sociedade capitalista contemporânea, com capacidade para conduzir o processo.

O Estado é o único com legitimidade jurídica e política para reunir e direcionar recursos econômicos suficientes para bancar o processo; o único que dispõe de capacidade coletiva suficiente para olhar além dos interesses econômicos particulares e de curto prazo; o único que tem mandato social e legal para constituir objetos materiais e imateriais (infraestrutura, serviços, leis etc.) necessários para o processo; ele é o administrador soberano da moeda nacional; é o emissor de créditos e títulos de dívida em montantes correspondentes à necessidade do processo; é o único que tem legitimidade para planejar as muitas etapas das muitas frentes que um processo de desenvolvimento implica.

Se tivéssemos que resumir a questão a uma só qualidade exclusiva do Estado, que se contrapõe essencialmente às qualidades intrínsecas do mercado de empresas privadas, tal qualidade seria a do planejamento. Se o desenvolvimento socioeconômico é um processo integrado em que múltiplos fatores precisam ser coordenados no tempo e no espaço, é evidente que quase nada nele pode acontecer de maneira espontânea. Só uma economia bem planejada se desenvolve. E basta pensar no mercado como ele é para perceber sua insuficiência para conduzir um país ao desenvolvimento. O chamado mercado é um conjunto aberto de empresas privadas e consumidores em que cada um se dirige de acordo com seus próprios interesses. Isso constitui o contrário do planejamento. Mais adiante, falaremos sobre os limites do mercado como opção política para o desenvolvimento. Por agora, cabe ressaltar apenas que é dirigido por vontades espontâneas e livres, as quais frequentemente alocam os recursos econômicos de formas que não correspondem às necessidades coletivas de construção do bem-estar geral.

É importante dizer que o planejamento econômico pelo Estado não significa que o governo vai dizer quantos pães cada um vai comer de manhã, ou quem pode abrir uma loja ou não, ou até que ponto uma empresa pode crescer. Essas são caricaturas do planejamento econômico, usadas por pessoas que têm motivação ideológica contrária às políticas desenvolvimentistas e atuam com a finalidade de desorientar o debate ainda mais.

O planejamento econômico — que, aliás, vem sendo retomado por muitos países após a sequência de crises mundiais coroada pela pandemia de Covid-19 — constitui uma prática regular de medir a economia a partir dos dados reais do país e, então, tomar atitudes corretivas ou indutivas de acordo com uma intenção pré-definida. Só o Estado, com seus mandatos legais, seus funcionários públicos, seus departamentos e empresas historicamente designados, pode levar a cabo essa tarefa, de dimensões amplas demais e, ao mesmo tempo, de interesse integralmente público. Ou se planeja uma economia de acordo com o interesse público, ou não se planeja.

O contrário do planejamento econômico é deixar que as forças do mercado (empresas e consumidores) definam, de acordo com o conjunto de seus interesses privados, para onde devem ir os recursos da economia. Em geral, eles vão se concentrar nas empresas e pessoas que já detêm riqueza, agravando problemas que acabam por resultar em mais mal-estar coletivo. Por aí começamos a perceber por que a disjuntiva ou planejamento econômico ou mercados livres é, no fundo, uma questão política: significa quem terá o poder de direcionar a maioria dos recursos econômicos de uma sociedade. É por essa razão que, recentemente, muitos governos perderam a vergonha e recomeçaram a planejar suas economias, pois o aumento da desigualdade social tornou-se alarmante, e ficou claro que, frequentemente, a concentração de recursos econômicos nas empresas e nas pessoas mais ricas não geram oportunidades econômicas para os demais membros da sociedade. O resultado disso é uma sensação generalizada de injustiça e mal-estar, que só pode ser corrigida com políticas públicas de planejamento econômico.

É preciso entender que o planejamento econômico tem um propósito amplo – construir uma conjuntura geral de bem-estar –, mas tem também uma série de propósitos específicos. É claro, pois, se o desenvolvimento é a meta, e ele é multifacetado, o planejamento precisa atacar uma grande variedade de frentes.

Como dissemos antes, a centralidade econômica do desenvolvimento é uma realidade. Não há como produzir uma conjuntura geral de bem-estar sem que a economia do país esteja em saudável crescimento, com garantia de boa distribuição dos recursos gerados e com cuidados adicionais com relação às chamadas externalidades (danos colaterais que podem acontecer quando ocorre crescimento econômico, como migrações internas, poluição etc.) Em suma: se a economia não cresce, não gera emprego e renda para as maiorias, não inclui os mais jovens e não cuida dos mais velhos, não reduz desigualdades de todos os tipos e não oferece mais e melhores serviços públicos, nem adianta praticar o planejamento, pois não haverá recursos econômicos adicionais para alocar planejadamente de acordo com um uma intenção pré-definida.

Assim sendo, o Estado planejador precisa diagnosticar sua economia e definir uma intenção de transformá-la. Com a intenção definida, é hora de planejar e então induzir o desenvolvimento. Assim fizeram e fazem todos os países que conseguiram superar o subdesenvolvimento, e que hoje oferecem a suas sociedades um padrão de vida universalmente melhor, ou seja, uma conjuntura geral de bem-estar.

2
Desenvolvimento e indústria

Os debates sobre desenvolvimento são antigos. Décadas atrás, havia, entre vários pensadores, uma forte percepção de que o desenvolvimento viria com a indução de grandes partes da população para trabalhar em atividades econômicas de mais alto valor, com maiores escalas econômicas. Atividades que fossem a fronteira tecnológica daquele tempo. Fazia sentido pensar assim: se antes da Revolução Industrial os países do mundo eram majoritariamente rurais, experimentando condições econômicas não tão diferentes das de hoje, o advento da indústria começou a abrir um fosso entre os países que se desenvolveram e os que não haviam chegado lá.

Resumidamente, isso aconteceu porque a atividade industrial daqueles tempos tinha características diferentes da agricultura praticada na mesma época.

Basicamente, o produto industrial era feito em série; portanto, cada unidade ficava mais barata quanto mais unidades fossem produzidas. Além disso, as indústrias costumavam depender de outras indústrias para crescer (uma fábrica de bicicletas comprava pneus em outra fábrica e assim por diante). Isso levou os países que primeiro se desenvolveram com a Revolução Industrial a dar um salto no padrão de vida de suas sociedades (nota importante: muita injustiça com os trabalhadores foi cometida nos primeiros anos da indústria e assim teria continuado não fosse o esforço de muitos sindicatos e, depois, a sensibilidade de políticos no sentido de aprovar leis de proteção e garantia de renda para os trabalhadores).

As contradições internas ao processo de industrialização, contudo, não eliminam da história os fatos que hoje se comprovam. Os países que se industrializaram primeiro foram os que enriqueceram e se desenvolveram primeiro. Os que vieram depois deles se industrializaram também. Por isso, décadas atrás, uma série de pensadores importantes, entre os quais se destacam os brasileiros Celso Furtado e Ignácio Rangel e o argentino Raul Prebisch, advogaram a industrialização como passo necessário para o desenvolvimento dos países da América Latina.

E, como já era plenamente reconhecido que o processo de desenvolvimento era um trabalho para o Estado, o caminho ficou bem estabelecido: Estados precisavam induzir a industrialização das sociedades por meio de políticas de desenvolvimento.

As políticas adotadas em países como Brasil, Argentina, México, e em menor medida em lugares como Chile e Peru, produziram resultados tangíveis em termos de aumento de renda, urbanização, melhores níveis de escolaridade, coesão social, aumento na expectativa de vida, horizontes técnicos e tecnológicos mais amplos entre outros. A América Latina passou a ser uma região onde existe classe média, com o atual padrão de vida (ainda que decadente), apenas porque, durante décadas do século 20, foram adotadas políticas de planejamento econômico que induziram a industrialização.

É evidente que o mundo mudou em larguíssima escala nas últimas décadas. Hoje, o paradigma tecnológico e, principalmente, o paradigma de produção, são muito diferentes. Não se pode recomendar — e os debatedores sérios não recomendam — um retorno ao passado industrial. Os novos projetos econômicos que podem induzir países como o Brasil ao desenvolvimento precisam lidar com isso. As novas realidades tecnológicas impõem aos Estados uma tarefa ainda mais difícil para identificar e implementar planejamentos econômicos bem mais complexos do que os de décadas atrás. Ainda assim, a ideia de que o planejamento econômico pelo Estado é indispensável para produzir o desenvolvimento continua inteiramente válida.

Mas devemos atentar que, não exatamente por coincidência, as últimas décadas (muitos situam o início do fenômeno em torno do ano de 1980), os detratores do desenvolvimento planejado conseguiram espalhar com muita força pelo mundo uma ideia contrária à verdade histórica: a ideia de que quanto maior a presença do Estado na economia, menos desenvolvimento aconteceria. Mesmo que isso contradiga as realidades históricas de Inglaterra e Holanda (os pioneiros), depois Estados Unidos, países nórdicos, Alemanha, Japão e, mais recentemente, Coreia do Sul, Taiwan e China. Com sua ideia, os detratores do desenvolvimento conseguiram convencer uma geração de políticos latino-americanos (e de alguns outros lugares) a não adotar políticas públicas de desenvolvimento. E isso por mais de quarenta anos! O resultado foi a paralisação dos processos que Brasil, Argentina e outros países vinham implementando.

É importante reconhecer que tais processos eram cheios de imperfeições. Como já foi dito, nenhum processo de desenvolvimento acontece em condições de perfeição; e tampouco está livre de contradições. Porém, a comparação de dados econômicos da época desenvolvimentista com os anos mais recentes mostra que o desempenho socioeconômico foi muito mais transformador naqueles anos do que nos atuais. Obviamente, também se requer honestidade intelectual para reconhecer que, em 1930, o Brasil tinha tamanha quantidade de problemas sociais que o processo não poderia resolver tudo em curtíssimo prazo. Por isso, suas melhorias foram muito significativas. Quando as políticas de retirada do Estado ganharam força, encontraram uma sociedade já em condições menos ruins. Mas não foram capazes de produzir um resultado definitivo, posto que se havia renunciado às políticas públicas estruturantes de desenvolvimento socioeconômico.

É inevitável que o Brasil retome a prática de planejamento econômico em algum momento de sua história, pois a nossa dívida social e econômica se tornou grande demais. Quando isso acontecer, o panorama será muito mais complexo do que os processos iniciados na primeira metade do século 20. Grandes questões serão levantadas. Por exemplo:

- quais setores econômicos podem gerar um crescimento de longo prazo e, ao mesmo tempo, muitos empregos de qualidade?
- como diversificar e atualizar as estruturas de produção da economia brasileira?
- como aproveitar as novas ondas tecnológicas para inserir o Brasil em novas indústrias?

É certo que o Estado é indispensável para induzir a economia para o processo de desenvolvimento. Também é certo que, dadas as muitas complexidades inerentes, o desenvolvimento requer ação multifacetada e integrada. Quando finalmente o Brasil voltar a planejar seu desenvolvimento, terá que enfrentar escolhas. Uma das principais se refere aos eixos econômicos que poderemos incentivar e induzir ao crescimento de longo prazo.

Propomos um exercício de hipótese. Entre um setor que é territorialmente isolado, emprega pouco, compra do estrangeiro suas tecnologias de alto valor e exporta toda sua produção, e outro setor que é intensivo em inovação científica, emprega mais e se integra com as universidades, gerando no país tecnologias interessantes para uma série de outros setores, qual seria sua opção?

Qualquer debatedor sério de hoje defenderá a segunda hipótese. Ambas custarão dinheiro e produzirão efeitos na sociedade e na economia. A primeira opção (que poderia ser a mineração, por exemplo), consome recursos privados e públicos para exportar bens de baixo valor agregado, empregando pouco e mantendo o país na dependência de tecnologias importadas. A segunda opção (que poderia ser um setor industrial de novos materiais feitos com nanotecnologia) é estimulante para os jovens, demanda muita pesquisa e inovação, empregará muito mais pessoas, gerará tecnologias no país e criará produtos e serviços que podem ajudar outros setores econômicos brasileiros a progredir. Qual destas opções está no caminho de construir uma conjuntura geral de bem-estar?

Ambas custam dinheiro e outros recursos. As chamadas atividades primárias consomem muitos recursos públicos e privados (considere o intensivo consumo de água e energia da mineração e do agronegócio, por exemplo, que são recursos públicos). O benefício que essas atividades geram são, em sua maioria, capturados por circuitos econômicos muito restritos. Apenas as grandes empresas agrícolas e minerais, seus altos executivos e empresas multinacionais que lhes fornecem máquinas e insumos se beneficiam realmente delas.

Por outro lado, induzindo o crescimento de setores inovadores, tecnologicamente integrados aos grandes desafios técnicos do nosso tempo, o Brasil estará demandando mais e mais pessoas qualificadas e gerando mais e mais valor para uma longa lista de participantes das novas cadeias produtivas. Mais adiante, vamos tratar das políticas públicas que o Brasil poderia adotar para incentivar essa nova economia, em lugar da antiga economia de extração de minérios e agropecuária.

Por agora, é fundamental perceber uma atualização conceitual. Quando, décadas atrás, os teóricos do desenvolvimento diziam que apenas a industrialização poderia fazer o Brasil avançar, eles se referiam a um tipo de indústria que, atualmente, representa possibilidades muito menores do que antes. Mas, quando pensamos nos setores mais avançados do mundo contemporâneo, percebemos neles as mesmas características que as indústrias tradicionais ofereciam no passado.

Na metade do século 20, a indústria automotiva, por exemplo, empregava muita gente em atividades de alta engenharia e pesquisa, aproximando-se das universidades e gerando uma produção de grande valor tanto para o mercado interno como para exportação. Ao redor das fábricas de carros e ônibus, os governos induziam o aparecimento de fornecedores de autopeças, estofamentos, peças plásticas, vidros, material elétrico etc. Hoje, não é possível implementar uma nova industrialização com base na indústria automotiva do passado. Mas é perfeitamente possível reconhecer as mesmas possibilidades em novos setores. Há setores econômicos que demandam mão de obra qualificada em boa quantidade, com capacidade de requerer produtos e serviços de outros setores, que são inovadores e por isso produzem alto valor agregado tanto para dentro como para fora do país.

Daí surge uma noção muito importante para o debate de desenvolvimento. Se ao longo dos tempos a industrialização foi essencial para os países que chegaram lá, mas também é verdade que os países se desenvolveram em diferentes épocas tecnológicas, é porque as mudanças nos padrões industriais de produção não eliminaram as características comuns a todo e qualquer tipo de indústria. Ou seja, você pode ter uma ideia pré-concebida a respeito do que é uma indústria, e provavelmente você pensará numa fábrica. Mas indústria não é fábrica. As fábricas ainda são parte do que hoje se chama indústria. Mas a indústria contemporânea, com toda sua flexibilidade estrutural e produtiva, mantém as características que sempre teve, a saber:

- intensidade tecnológica e tendência à inovação;
- alta capacidade de se encadear com outros setores econômicos;
- produção de mais alto valor agregado;
- uso mais intensivo de mão de obra qualificada.

Uma eventual retomada do planejamento econômico no Brasil deverá focalizar o desenvolvimento na linha de uma nova industrialização (que usualmente chamamos de "neoindustrialização"). Porém, quando o processo acontecer, haverá dificuldades adicionais, pois, ao longo das quatro décadas em que o Brasil abdicou de planejar sua economia, perdeu muito de sua indústria já consolidada. O país passou por uma desindustrialização feroz, e mesmo aqueles setores industriais tradicionais são hoje menores e menos importantes. As novas indústrias são quase inexistentes no Brasil. E a economia nacional está quase inteiramente dependente de atividades primárias em regiões menos habitadas (agropecuária e mineração), e de atividades de serviços urbanos, cuja imensa maioria tem baixa produtividade e oferece baixa remuneração.

Com uma estrutura produtiva configurada dessa maneira, a economia não gera renda em quantidade e qualidade suficientes para a maioria dos trabalhadores. Também não gera a quantidade necessária de impostos que garantam ao Estado a tranquilidade indispensável para manter os gastos necessários à oferta de bem-estar ao povo (saúde, educação, segurança pública etc.). Uma estrutura produtiva que não conduz ao crescimento geral — e por isso não produz desenvolvimento — também inibe os investimentos produtivos. É claro, pois, se desenhada para crescer pouco, a economia não é convidativa a produzir mais sem a menor certeza de haver demanda correspondente. Evidentemente, isso tem reflexos no nível de emprego formal, que no longo prazo tende a ficar menor do que deveria, levando multidões de pessoas para ocupações informais e tirando da juventude a esperança de construir um futuro melhor do que seus pais tiveram. Em linhas gerais, este é o retrato do Brasil nos últimos **quarenta anos** 🔗 ▶, quando abdicamos de realizar o planejamento econômico que poderia sustentar o crescimento e continuar o processo de desenvolvimento.

∂ HÁ QUARENTA ANOS

Processos complexos nunca são isentos de contradições. E processos econômicos, em particular, são sempre cravados por desequilíbrios internos. Há quarenta anos, o Brasil vivia o final de um governo militar (1964-1985) não democrático (uma verdadeira ditadura,). Porém, essa ditadura deu contribuições ao processo de desenvolvimento brasileiro, e mesmo economistas progressistas, filiados a partidos de esquerda, reconhecem suas contribuições.

O período conhecido como Milagre Econômico durou do final da década de 1969 até o ano de 1974. Ele foi caracterizado por um grande aquecimento da produção industrial doméstica, com altos níveis de consumo interno. Isso produziu uma expansão da capacidade produtiva do país, que viu muitas de suas indústrias crescerem, com reflexos nos índices de emprego e renda. O crescimento econômico anual verificado no período ficou acima dos 10%, batendo 13,6% em 1973. Quando isso ocorre, os limites materiais da economia de um país aparecem. Começam a faltar máquinas, peças de reposição, materiais, embalagens e energia, por exemplo. Além disso, como a demanda por produtos está muito aquecida e a capacidade de ofertar está no limite, os preços começam a subir. É a inflação.

O ano de 1974 marcou o início do governo de um novo general à frente da ditadura brasileira: Ernesto Geisel. A situação econômica que ele encontrou foi um Brasil superaquecido, com evidentes gargalos para a manutenção do crescimento.

Havia recomendações muito fortes para que ele esfriasse a economia (afinal, era um ditador com amplo controle sobre todos os fatores que influenciariam o processo econômico). Contudo, Geisel optou por uma estratégia que, quando analisada sem preconceitos, pode ilustrar bem o que é o planejamento econômico.

Em vez de esfriar a economia, o governo Geisel apostou na realização do segundo Plano Nacional de Desenvolvimento (II PND). A ideia básica era resolver os gargalos produtivos que o Milagre Econômico havia exposto. Ou seja, se nos tempos do milagre o crescimento fora baseado em produtos industriais de consumo durável (automóveis, eletrodomésticos, por exemplo, todos muito intensivos em matéria prima, componentes e maquinário de produção), era necessário investir em produtos industriais intermediários (componentes, máquinas, equipamentos, energia). Em vez de paralisar o processo, o planejamento econômico o redirecionou.

Assim, em função de gargalos internos (demanda superaquecida) e externos (alta nos preços do petróleo), o processo de desenvolvimento brasileiro viveu mais uma etapa necessária para completar a transição rumo a uma economia de alta produtividade. Infelizmente, houve muitos erros na formação de financiamento ao II PND. O principal deles foi a opção por usar recursos externos, pagando juros baixos, mas em moeda estrangeira. Quando, anos depois, os juros internacionais tomaram um violento choque, a dívida externa corroeu a capacidade brasileira de manter os investimentos. Ali iniciou-se uma puxada de freio que nunca mais se reverteu inteiramente.

Sem planejamento econômico, será impossível reverter o quadro atual. Portanto, será impossível sair do mal-estar coletivo que se tornou a nossa experiência social. O desenvolvimento socioeconômico é, sempre, uma experiência intencional de criação de condições coletivas de bem-estar. No caso brasileiro, quando ele voltar a acontecer, precisará partir do terreno negativo. Por isso, será impossível ele acontecer sem que o Estado direcione intencionalmente uma grande quantidade de recursos para esta histórica missão.

3
É possível desenvolvimento sem Estado?

O que aconteceu no Brasil nos últimos quarenta anos ocorreu, de forma mais ou menos semelhante, em diversos outros países. Os efeitos do abandono do processo de desenvolvimentos são sempre parecidos. Eles acontecem mais cedo ou mais tarde, de acordo com a realidade de cada lugar. Desindustrialização, informalidade do trabalho, baixo crescimento, deterioração da infraestrutura, crises de segurança pública, sensação geral de mal-estar e desesperança. Um quadro social que, em última análise, pode levar a uma situação de crise social aguda. Ocorre, por exemplo, o caso de uma sociedade deixar de se considerar um único agrupamento humano e se transformar num sistema de castas, ou clãs, dividindo um território, porém com experiências de vida completamente distintas. É o tipo de ambiente social perigoso, instável demais e que deveria preocupar todos os governos e toda a sociedade.

A retirada do Estado do domínio econômico foi uma opção política internacional, incentivada por países centrais (como Estados Unidos e os principais países europeus) e certos organismos internacionais, como o Fundo Monetário Internacional (FMI), o Banco Mundial, a Organização para Cooperação e Desenvolvimento Econômico (OCDE) e muitos institutos acadêmicos, entre os quais se destaca o Departamento de Economia da Universidade de Chicago.

Esse grande grupo de influenciadores desenhou uma espécie de mapa para as economias mundiais, que, depois de anos de pregação, foi sintetizado no que ficou conhecido como Consenso de Washington. Trata-se de um conjunto de dez princípios que deveriam ser adotados por todos os países. Hoje, o mundo está descartando tais princípios com enorme velocidade, pois já ficou evidente que eles não entregaram a promessa de desenvolvimento, mas, sim, provocaram um agravamento do mal-estar econômico, político e social.

Os princípios do Consenso de Washington são:

- disciplina fiscal (cortar gastos dos Estados para evitar déficits em relação ao PIB);
- não oferecer subsídios produtivos, e sim apoios financeiros pontuais e focalizados;
- reformas tributárias;
- taxas de juros determinadas pelo mercado;
- taxas de câmbio flutuantes;
- livre comércio (abrir as economias ao produto estrangeiro mesmo que o equivalente nacional não tenha condição de competir);
- liberação do investimento direto estrangeiro;
- privatização de empresas públicas;
- desregulação do trabalho e de acesso a mercados;
- segurança jurídica para proteger o capital.

Na prática, o que se propôs foi uma mudança de modelo de gestão da economia dos países. Em vez de manter processos de planejamento, que, apesar das imperfeições, ainda conseguiam produzir crescimento econômico, a ordem era deixar as economias sob o comando dos mercados, isto é, de empresas privadas e pessoas. Prometia-se que, com as forças de mercado atuando em máxima liberdade possível, sem as "distorções" produzidas pelo planejamento, o crescimento econômico necessariamente viria em melhores níveis, e aos poucos a sociedade poderia usufruir de melhores padrões de vida. Caberia ao Estado apenas a gestão de coisas elementares, como Justiça, polícia, burocracias e, no máximo, saúde e educação. Ainda assim, saúde e educação para os mais desfavorecidos, pois os defensores do Consenso de Washington advogavam que esses dois serviços essenciais deveriam ser progressivamente privatizados, conforme vem acontecendo com o aumento da oferta de serviços privados e a deterioração dos serviços públicos.

Quando o Brasil iniciou a aplicação de algumas das políticas recomendadas pelo Consenso de Washington, criaram-se agências para supostamente controlar abusos das empresas privadas em serviços essenciais à sociedade. No entanto, elas se revelaram insuficientes, pois o que poderia ser considerado abuso passou a ser visto como decorrência natural das leis de mercado. Assim, no Brasil, tornou-se "normal", por exemplo, seguradoras de saúde cobrando preços exorbitantes enquanto negam o pagamento por serviços caros e estabelecem absurdas condições de carência em seus contratos. Também foi normalizado que escolas e universidades privadas aumentem seus preços com base em critérios próprios, ou que formem grandes conglomerados empresariais associados a entidades financeiras, que transformam a educação privada em negócio de oferta de crédito estudantil. Associado a tudo isso, profissionais de saúde e educação passaram a ter perda considerável em sua renda, sendo hoje a realidade de muitos deles a adesão a contratos de trabalho informal ou de alta fragilidade, o que lhes tira qualquer possibilidade de barganhar melhores salários, e faz de profissionais essenciais presa fácil para demissões em massa.

Quando foi percebido que as agências estatais montadas para regular esse tipo de situação na verdade não regulam, chegamos à inevitável conclusão de que o Estado foi, sim, retirado da gestão de grandes partes da vida econômica e social. Vivemos a época das chamadas "parcerias" entre poder público e empresas privadas. As fronteiras indefinidas são usadas, quase sempre, pelos agentes do mercado para forçar flexibilizações e liberalizações cujo preço é invariavelmente pago pela sociedade das mais variadas formas.

É importante reconhecer isso porque, ao contrário do que defendemos aqui, muitos debatedores liberais ainda afirmam que o Brasil nunca adotou as regras do Consenso de Washington. Afirmam que precisaríamos liberalizar ainda mais, ou seja, abrir mais a economia ao investimento estrangeiro, entregar mais pedaços dos setores essenciais à iniciativa privada, planejar ainda menos o futuro do país. E tudo a despeito de os últimos quarenta anos demonstrarem com toda clareza que, mesmo com aplicação apenas parcial, o receituário foi capaz de dizimar grande parte do nosso parque industrial, gerando anos a fio de baixo crescimento, estagnando o país e agora nos fazendo regredir em diversos índices sociais e econômicos.

A promessa liberal de um desenvolvimento sem Estado é, portanto, falaciosa. Com os recentes acontecimentos mundiais, tal ideia vem sendo descartada com muita facilidade por governos de países que detêm real soberania sobre suas políticas. Em seu lugar, esses governos estão colocando de volta a velha ideia do planejamento econômico, desenhando finalidades bem objetivas e quase sempre relacionadas à melhoria da estrutura produtiva nacional (por exemplo, investindo dinheiro público nas empresas de alta tecnologia, que podem trazer mais independência ao país, ao mesmo tempo que geram melhores empregos).

Ao contrário dos debatedores liberais, que defendem uma total — ou quase total — retirada do Estado da economia, a visão desenvolvimentista contemporânea não quer excluir totalmente o mercado das relações econômicas. Isso seria um equívoco. E é preciso reconhecer quais são as qualidades intrínsecas que as relações econômicas de mercado (empresas privadas e pessoas) podem dar como contribuição positiva para o desenvolvimento dos países, desde que sob uma coordenação inteligente do Estado.

4
Estado + Mercado

Existe uma lógica interna ao argumento do desenvolvimento sem Estado, que precisa ser compreendida a fim de separar o joio do trigo. Só assim se formará uma massa crítica na sociedade com real capacidade de descobrir e inventar um novo caminho para o desenvolvimento.

Basicamente, o argumento liberal parte do princípio de que as atividades econômicas privadas, e suas relações de troca privadas, são as geradoras de riqueza, o que em parte é correto. Se isolarmos a relação econômica do contexto maior onde ela acontece, o que enxergamos, de fato, é uma empresa produzindo determinado bem ou serviço, cuja utilidade para outras pessoas ou empresas cria um valor de uso. O valor de uso é simbolizado num preço a ser pago em dinheiro pelo bem ou serviço (constituindo-se aqui um valor de troca). Feita a troca, a empresa produtora do bem ou serviço criou riqueza, pois embutiu no seu preço todos os custos de produção e mais uma margem de lucro. Na outra ponta, as pessoas ou empresas que pagaram por aquele bem ou serviço estão felizes, pois conseguiram satisfazer a sua necessidade ou desejo com aquela empresa provedora. Em teoria, se a relação de troca livre se repete ao infinito, haverá uma imensa quantidade de empresas abertas, empregando uma imensa quantidade de pessoas na produção de seus bens e serviços, que por sua vez poderão exercitar seu poder aquisitivo junto a outras empresas, criando mais e mais oportunidades de lucro e novos giros ao sistema econômico. Portanto, se as condições gerais permitirem que as empresas maximizem seus lucros da forma mais intensa possível (o limite seria a capacidade de cada empresa), a tendência seria uma prosperidade geral, que conduziria uma sociedade ao desenvolvimento.

É por causa desse princípio que os defensores do liberalismo advogam que o Estado não interfira na economia. Segundo eles, ao interferir, o Estado criaria bloqueios para o livre progresso das relações de troca, o que impediria a maximização dos lucros das empresas, trazendo mais perdas do que ganhos para a economia.

Como já foi visto, trata-se de um argumento que tem lógica interna. Mas isso não significa que seja inteiramente válido, pois a experiência mostra — vez atrás de vez — que os agentes de mercado em regime de concorrência deturpam o sistema até com mais força do que a intervenção do Estado. O que acontece na prática é uma tendência clara a maximizar a margem de lucro cortando custos de produção e salários. Evidentemente, isso reduz a qualidade dos bens e serviços oferecidos e também reduz o poder de compra da sociedade como um todo, comprometendo o crescimento futuro. Além disso, a livre competição que o liberalismo defende se torna concentração de mercado. Quando não há regulação de espécie alguma, os setores econômicos acabam se concentrando em uma ou poucas empresas, criando a situação conhecida como oligopólio ou monopólio.

Monopólios e oligopólios podem ocorrer por razões "naturais" quando, por exemplo, se trata de um setor de tecnologia de vanguarda. É esperado que em um setor econômico de alta sofisticação haja poucas empresas com domínio da técnica e com capital suficiente para competir no mercado. Assim, o oligopólio é uma decorrência esperável e há maneiras de lidar com isso a fim de que os preços não sejam manipulados contra o consumidor.

Mas a concentração de mercado costuma acontecer em todos os mercados. Mesmo em setores de baixa barreira de entrada, como lojas de varejo, a livre competição dura até certo ponto. Quando uma empresa consegue uma vantagem competitiva sobre as demais, começam a acontecer as fusões e aquisições. Assim, ao longo de um período, os consumidores deixam de ter múltiplas opções para exercer sua liberdade na compra de bens e serviços e acabam pressionados a pagar os preços definidos pelo oligopólio ou pelo monopólio. Também por esse caminho, a prometida prosperidade geral da livre concorrência rapidamente se transforma no poder do capital concentrado de controlar o mercado. Dissolver esse controle em benefício dos consumidores costuma ser uma difícil tarefa política, que, quando se realiza, é pela via de organismos públicos de controle da concorrência. Ou seja, através do Estado.

Por fim, outra fragilidade a ser indicada no argumento liberal é que sua visão das relações de troca livre como geradoras de prosperidade desconsidera (de propósito) as contribuições prévias dos bens e serviços públicos para a realização de atividades econômicas.

Sem estradas, energia elétrica, combustíveis, educação da população, manutenção da saúde geral, urbanização e serviços urbanos, policiamento e Justiça, entre outros fatores, não seria possível que a economia privada funcionasse de forma a atingir graus interessantes de maximização da margem de lucro.

Contudo, reafirmamos que, mesmo com todas as suas fragilidades, o ideário liberal não é inteiramente descartado na visão desenvolvimentista contemporânea. A visão atual do desenvolvimento está mais perto de um equilíbrio entre as funções de Estado e as funções de mercado do que a visão liberal atual, que pretende reduzir ao mínimo a participação do Estado, considerado um empecilho, um estorvo a ser eliminado.

Em síntese, não se trata de substituir a economia de mercado por uma economia completamente planejada, experiência radical tentada na União das Repúblicas Socialistas Soviéticas (URSS) durante parte do século 20. Há uma vasta discussão sobre ela em todos os seus aspectos, não cabendo aqui oferecer mais uma interpretação. No entanto, advertimos que, em geral, os comentaristas brasileiros da mídia de massas simplificam demais as interpretações sobre o caso, que é notavelmente complexo. O fato que nos importa aqui é estabelecer uma linha de compreensão e posicionamento: o Desenvolvimento de países periféricos com perfil histórico de inserção capitalista e industrialização tardia e incompleta (como o Brasil) passa por uma necessária integração das funções econômicas desempenhadas pelo Estado e pelo mercado.

As funções de Estado foram bem explicitadas no primeiro capítulo, embora haja outras quiçá ainda mais profundas e detalhadas. Já as funções de mercado precisam ser igualmente conhecidas e reconhecidas.

As empresas privadas têm por missão seu próprio desenvolvimento econômico. Elas são, em razão disso, regidas pelos incentivos econômicos que percebem no ambiente do mercado. Quando se fala, por exemplo, que empresas aproveitam oportunidades de mercado, é uma referência aos incentivos potenciais que uma determinada carência no mercado oferecem à empresa. Se um empresário percebe que em uma cidade falta determinado material de construção, isso constitui um incentivo para que ele invista em satisfazer a essa demanda de alguma forma. Ele pode comprar os produtos em outro lugar e revender, pode produzir por conta própria, pode se associar a um fabricante do produto e distribuí-lo como agente autorizado naquele local — os incentivos guiam as decisões privadas das empresas.

Enquanto não estão em regime de oligopólio — a chamada cartelização —, as empresas são incentivadas pela concorrência a melhorar sua atuação, o que as obriga a ser inventivas, criativas, ágeis na resposta a problemas. Enquanto não estão reinando sozinhas no mercado do seu setor econômico, as empresas tendem a buscar algum grau de diferença para disputar a preferência dos consumidores. Se a economia consegue organizar o ambiente com uma regulação apropriada das relações entre as empresas e, principalmente, entre as empresas e seus trabalhadores, a tendência é que a busca de vantagens competitivas entre elas agregue valor ao conjunto da economia. Reguladas de forma inteligente para evitar o arrocho salarial e a cartelização, as empresas passam a ter uma única alternativa válida para crescer e gerar mais lucros: investir e trabalhar. Ou seja, iniciar novos ciclos de crescimento real de sua estrutura (investimento), agregando força de trabalho para sustentar o investimento.

Portanto, um ambiente de mercado regulado de forma inteligente permite à economia o crescimento necessário para que o Estado possa conduzir as políticas públicas que gerem o salto de qualidade na estrutura produtiva, necessária ao desenvolvimento, em benefício de toda a sociedade. Simplesmente suprimir a atividade econômica privada obrigaria o Estado a operar a totalidade da economia, até em suas mínimas necessidades, o que muito provavelmente criaria uma disfuncionalidade em série. Por outro lado, permitir que as atividades econômicas privadas atuem sem qualquer tipo de regulação e direcionamento é a receita para espoliar a sociedade em doses homeopáticas (às vezes não tão homeopáticas assim).

Tendo dito tudo isso, é lícito que este capítulo termine com uma consideração a respeito da rasa e superficial acusação feita por liberais contemporâneos contra o Estado. Afinal, é fato que o Estado só atrapalha a economia? Atualmente, o debate é tão pobre que estamos presos a questões subjetivas, impressões pessoais e conclusões apressadas sobre assuntos complexos.

Quem argumenta desta maneira se refere às chamadas falhas de Estado. Elas existem, tanto quanto existem as chamadas falhas de mercado. Citamos algumas das falhas de mercado anteriormente, como a tendência à cartelização e ao arrocho salarial. É justo mencionar algumas falhas de Estado. O Estado pode criar problemas para a economia, por exemplo, através de um sistema tributário cheio de superposições e procedimentos desnecessários, como ocorre no Brasil. O Estado pode atrapalhar a economia se resolver fiscalizar atividades privadas com extremo rigor a pretexto, por exemplo, de combate à corrupção. O Estado pode criar assimetrias injustas entre os agentes de um mercado se deixar relações pessoais se imiscuírem em tomadas de decisão de política econômica.

Mas, devemos dizer, as falhas de Estado costumam ser vistas de forma parcial no pobre debate brasileiro atual. As falhas de Estado nem sempre são falhas exclusivas DO Estado. Quando, por exemplo, agentes do sistema financeiro privado determinam coisas como a taxa de juros, por meios que só eles controlam, temos uma falha de Estado por omissão do Estado e excesso de poder do mercado. Esta observação final deve servir apenas para temperar o pobre debate econômico brasileiro atual, que é carente de entendimento sutil e nuançado a respeito da realidade.

No geral, a interpretação mais honesta e complexa possível a respeito dos problemas econômicos do desenvolvimento brasileiro chegará a conclusões sobre um possível equilíbrio entre as funções de Estado e as funções de mercado, capaz de gerar impulsos positivos tanto para o crescimento econômico imediato quanto para o direcionamento de longo prazo rumo ao Brasil desenvolvido.

5
Resgatando o Estado desenvolvimentista

Considerando a insuficiência dos princípios liberais para produzir o desenvolvimento de países como o Brasil, precisamos passar a construir uma nova ideia de Estado desenvolvimentista. Aqui, muito mais do que uma discussão sobre conceitos relativos a economia, a questão é política.

Mobilizar o Estado em uma determinada direção implica um exercício de poder que contraria interesses. Um Estado desenvolvimentista é um ente que pretende alterar a configuração da estrutura produtiva do país por meio de variadas políticas. Naturalmente, quem se beneficia com a economia como ela é no momento terá seus interesses contrariados. É preciso reconhecer que tal realidade já se verificou na história do Brasil quando, por tentar mudar a matriz produtiva nacional de agropecuária latifundiária para urbana e industrial, mais de um governo sofreu pressões políticas que chegaram a derrubá-los.

O aspecto político do debate sobre caminhos para o desenvolvimento nos conduz, necessariamente, a um debate sobre o paradigma democrático e suas possibilidades e limites para conduzir a sociedade ao desenvolvimento socioeconômico. Muitos argumentam contra o Estado desenvolvimentista afirmando que se trata de uma experiência necessariamente autoritária. Baseiam-se na ocorrência de processos de desenvolvimento em certos países mediante o estabelecimento de regimes autoritários, extraindo daí uma conclusão apressada, como se o desenvolvimento sempre tivesse que nascer em situações políticas não democráticas. É claro que se trata de conclusão falsa e politicamente motivada. Tanto é assim que ela é vocalizada por debatedores liberais a serviço de interesses econômicos de setores que predominam no cenário de paralisia econômica ou subdesenvolvimento.

Os processos de desenvolvimento são, isso sim, necessariamente fruto da intenção coletiva, que é representada e mobilizada pelo Estado. Eles não acontecem espontaneamente, e a defesa da espontaneidade econômica é argumento livre-mercadista (liberal), que pretende deixar os setores econômicos em ação desregulada, como vimos no capítulo anterior. Portanto, a intencionalidade do desenvolvimento implica, evidentemente, que o Estado assuma uma posição e uma direção. Em consequência, certas ações precisam ser tomadas para lograr os objetivos nacionais propostos. Infelizmente, a consecução de algumas dessas ações é confundida com gestos de autoritarismo estatal "contra" a sociedade. Novamente, esta é uma interpretação politicamente motivada, que deve ser filtrada.

É claro que o setor financeiro será contra um Estado que drene recursos da especulação improdutiva para aplicá-los no crescimento da economia real. Assim como é claro que o setor agroexportador será contra políticas que limitem o desequilíbrio da pauta exportadora em favor de *commodities* (grãos, minérios, petróleo etc.), a fim de exportar mais produtos manufaturados e obter maior intensidade tecnológica na produção doméstica. Confundir tais direcionamentos intencionais com ausência de democracia é uma falácia, que, por ser repetida muitas vezes, adquire ar de verdade. Mas não deixa de ser falácia.

Um Estado desenvolvimentista pode perfeitamente existir em ambiente democrático. Contudo, é preciso que façamos uma reflexão mais sincera sobre as condições reais da democracia que temos. Enquanto dormimos tranquilos, considerando que o país é democrático, a maioria dos cargos eletivos no Congresso Nacional é ocupada por *lobbies* organizados em favor de setores econômicos, muitos dos quais com interações ilegais (como desmatamento ilegal, garimpo ilegal, abuso de agrotóxicos, milícias urbanas entre outros). Até que ponto isso é democrático? Sem levar esta questão a níveis críticos mais profundos, nos bastaria diagnosticar que as forças políticas que controlam o Estado são, quase todas, comprometidas com um programa de manutenção da estrutura produtiva tal como ela é hoje.

É essencial reconhecer que a democracia é um valor abstrato, cuja concretude real se dá em níveis. O que temos hoje, com a suposta liberdade econômica, tampouco pode ser considerado plenamente democrático, pois não dá oportunidades às maiorias. Assim sendo, o estado atual da democracia no Brasil resume o valor abstrato da democracia às rotinas eleitorais, muitas das quais marcadas por manipulação cada vez mais sofisticada dos eleitores.

O direcionamento intencional que o Estado venha a fazer sobre a economia nacional não diminuirá ainda mais o nível de concretude real da democracia brasileira. Talvez seja exatamente o contrário, pois um ambiente democrático deveria pressupor que as maiorias sociais tenham acesso a oportunidades econômicas reais, com possibilidades significativas de crescimento pessoal, familiar, comunitário e social. Tais oportunidades têm sido sistematicamente negadas ao povo pelo Brasil limitadamente democrático que ora temos.

No entanto, é forçoso reconhecer que o aspecto político da discussão implica reformas institucionais importantes. O caso recente mais gritante em que as instituições atuaram contra o desenvolvimento do Brasil foi a operação Lava Jato. Um poder autônomo agiu ao arrepio de diversas leis para formar uma corporação acusadora e julgadora, destacada do restante da estrutura jurídica e institucional do país, e contribuiu para desarticular partes fundamentais da estrutura produtiva brasileira. O pretexto de existência de corrupção — como mais tarde se percebeu — não justificaria a destruição da capacidade produtiva de grandes empresas. O efeito prático daquela iniciativa político-jurídica foi retirar da sociedade brasileira um recurso econômico relevante, que havia sido construído ao longo de décadas. Em todos os países onde acontecem casos semelhantes, preservam-se os recursos econômicos constituídos, e punem-se os empresários, executivos e gerentes responsáveis por atos ilegais.

Algumas informações podem nos fazer compreender melhor o argumento. Basicamente, a apuração de casos de ilicitude em contratos afetou a relação de grandes empresas de engenharia e construção pesada com a Petrobras. Portanto, foram impactados os setores de infraestrutura (com todas as suas ramificações) e de petróleo/gás.

As principais construtoras brasileiras, até a desarticulação promovida pela Lava Jato, vinham se constituindo como empresas de atuação internacional em um ramo econômico muito relevante, que é a exportação de serviços de engenharia e operação de infraestrutura. Foi assim que a Odebrecht, maior construtora do país até a Lava Jato, chegou a ter operações em 27 países, cerca de 168 mil funcionários e faturamento bruto de R$ 107 bilhões. Mas em 2017, após o estrago feito pelas investigações — com suspensão de contratos e impedimento jurídico para operar —, seu número de funcionários já caíra para 58 mil. Mais recentemente, a empresa teve que abrir mão de várias divisões importantes e se reduziu ainda mais, sendo reestruturada num processo de recuperação judicial que a levou a se desmembrar.

Processo similar aconteceu com todas as outras grandes construtoras. Respectivamente, Queiroz Galvão, Andrade Gutierrez e Camargo Corrêa tiveram queda em seus faturamentos de 37%, 31% e 39% entre os anos de 2015 e 2016. Não surpreende que, entre 2014 (ano de início da Lava Jato) e 2017, o setor de construção tenha perdido 991.734 vagas formais de trabalho. Assim como, igualmente, é triste, mas não surpreendente, que todas essas grandes empresas precisaram vender ativos econômicos relevantes para companhias estrangeiras, a exemplo da venda da telefônica Oi pela Andrade Gutierrez para holandeses e portugueses, e a venda da Companhia Paulista de Força e Luz pela Camargo Corrêa para a chinesa State Grid.

Entretanto, é crucial entender o abalo sísmico sobre a Petrobras. A maior empresa brasileira sempre teve a função específica de encadear seus projetos com inúmeros atores econômicos nacionais. E era assim com muitas das grandes empresas de engenharia. Os efeitos desses encadeamentos sobre o potencial de inovação tecnológica, formação de capital e ativos de infraestrutura eram muito significativos para o país.

Com a desarticulação de seus contratos, a Petrobras reduziu muito seus investimentos. É preciso dizer, também, que uma forte queda no preço internacional do barril de petróleo ajudou a piorar o cenário. Contudo, isso não retira da Lava Jato sua parcela de responsabilidade pela dramática redução do investimento da empresa entre 2013 e 2017, passando de US$ 48,8 milhões para US$ 15 milhões. Um dos tristes resultados dessa retração foi que o número de empregados do Sistema Petrobras caiu de 86.108 em 2013 para 68.829 em 2016, e o de terceirizados caiu de 360.180 para 117.555 no mesmo período.

Por fim, convém lembrar a enorme perda para o desenvolvimento do país representada pelo caso Braskem, empresa de petroquímica nascida de associação de longo prazo entre Odebrecht e Petrobras. Chegou a ser uma multinacional relevante na área de polímeros e biopolímeros, mas, com a desarticulação do capital nacional promovida pela **Lava Jato** 🔗 ▶, agora é uma empresa à venda. No momento em que este livro se conclui, a Petrobras está processando sua retirada da sociedade para uma eventual venda da empresa. Anos atrás, o grupo holandês LyondellBasell quase a comprou, mas desistiu do negócio pouco antes da conclusão.

> 🔗 **LAVA JATO**
>
> As informações relatadas no trecho sobre a Lava Jato constam do artigo "A Lava Jato e a crise econômica brasileira", do professor Luiz Fernando de Paula, do Instituto de Economia da Universidade Federal do Rio de Janeiro (UFRJ) e o então doutorando do Instituto de Estudos Sociais e Políticos (IESP) da mesma universidade, Rafael Moura, publicado no número 360, de agosto de 2019, do *Jornal dos Economistas*.

O caso da Lava Jato mostra bem duas coisas. Uma é que a democracia brasileira é de fato muito imperfeita, pois permitiu (e celebrou) uma longa série de ilegalidades com o objetivo de satisfazer a uma excitação social muito bem manipulada com propósitos políticos. A outra é que, para criar e manter condições políticas para o desenvolvimento, o Estado deve reformar a si próprio, criando inovações institucionais que impeçam algo como uma nova Lava Jato, ao mesmo tempo que aperfeiçoa procedimentos e estruturas burocráticas visando estimular os processos de ganho produtivo de longo prazo. Criar novas instituições, ou reformar instituições existentes, não é contra a democracia, por mais que se diga o contrário. Não existe um modelo pronto de democracia, e tampouco o modelo político brasileiro é padrão para qualquer outro país. Então, é possível encarar o debate sobre melhorias institucionais que conduzam ao desenvolvimento sem tantos traumas ou escândalos.

Outro aspecto que deve ser considerado, também de ordem política, diz respeito às relações internacionais. Assim como haverá interesses internos contrariados, haverá interesses externos igualmente afetados com o ressurgimento de um Estado desenvolvimentista no Brasil. Uma vasta literatura já foi escrita para documentar os ataques econômicos em série feitos por países centrais a países periféricos quando estes últimos ousaram constituir algo mais do que economias primário-exportadoras.

São tantos os casos que chega a ser impraticável relatar um por um. No entanto, recomendamos que seja pesquisada a história do empresário brasileiro Delmiro Gouveia (1863-1917), que tentou por meios próprios estabelecer uma indústria nacional de fios e tecidos, muito antes de o primeiro grande processo de desenvolvimento nacional se iniciar.

Em resumo, Delmiro passou a fabricar em solo nacional um produto equivalente a uma marca internacional inglesa. Porém, como suas linhas eram muito mais baratas, tomou o mercado doméstico e preparou-se para exportar para países vizinhos. Enormes sabotagens comerciais, e mais tarde pressões pessoais e possivelmente crimes, foram postos em ação pela empresa inglesa e seus representantes locais contra a indústria de Delmiro Gouveia, que afinal deixou de existir.

É interessante ilustrar o jogo político internacional contra o desenvolvimento de países como o Brasil com um caso muito antigo, pois assim se percebe que a tendência é permanente. Em consequência, é preciso ter a consciência histórica de que assim será toda vez que se optar por implementar um processo de desenvolvimento. E cabe uma advertência adicional a esse respeito. Quando se trata de defender interesses econômicos de suas grandes empresas, os países centrais costumam usar instrumentos de ingerência política agressivos, como espionagem, inteligência, contrainformações e muitos outros meios para bloquear o acesso dos países periféricos a um nível relevante de autonomia e sofisticação produtiva para suas próprias empresas. A razão disso, claro, é o desejo de impedir novos grandes concorrentes no mercado internacional de produtos e serviços de mais alto valor.

Visto que, como se diz popularmente, "o jogo é bruto", caberia questionar se é de fato possível pensar no ressurgimento do Estado desenvolvimentista em um país como o Brasil. A verdade é que isso depende das condições políticas reais, e não somente de um governo liderado por este ou aquele político. É preciso que surja, antes, uma massa crítica na sociedade, um conjunto grande de pessoas, consistente e ativo, que consiga ter relevância política bastante para multiplicar a ideia e dar-lhe sustentação. Este capítulo é uma contribuição para que ocorra essa construção.

Inicialmente, a sociedade precisa atualizar a noção de Estado desenvolvimentista, para evitar repetir fórmulas e propostas antigas, que tiveram seu tempo, mas não se adequam mais às realidades tecnológicas, comerciais e geopolíticas. Caso a massa crítica formada esteja toda baseada em conceitos antigos, será facilmente debelada no debate público.

Qual deve ser, então, a caracterização de um Estado desenvolvimentista contemporâneo, que seja politicamente viável para a tarefa de transformação necessária ao Brasil e a diversos outros países periféricos?

Existem muitos novos pensadores dedicados ao tema do desenvolvimento no mundo contemporâneo. Deixamos aqui alguns nomes como referência para futuras explorações e aprofundamentos: Mariana Mazzucato, Alice Amsden, Dani Rodrik, Carlota Pérez, Cesar Hidalgo, Ricardo Hausmann, Ha-Joon Chang.

Recentemente, graças à popularização das redes sociais, também no Brasil surgiram novos nomes que fazem um trabalho importante de pesquisa e divulgação junto ao grande público, a exemplo de André Roncaglia, da Unifesp; Paulo Gala, da FGV; Uallace Moreira, da UFBA; Elias Jabbour, da UERJ, Nelson Marconi, da FGV; José Luís Oreiro, da UNB.

Alguns economistas mais experientes mantiveram vivo o debate pelo desenvolvimento mesmo através dos anos de abandono completo do planejamento, entre os quais se destacam Luis Carlos Bresser-Pereira, Luis Gonzaga Belluzo e o ex-ministro Antônio Delfim Netto.

A diversidade de visões é uma realidade, apesar do silêncio que as mídias de massa dedicam a todos esses nomes. O fato é que, com a internet, ficou bem mais fácil furar os bloqueios e conseguir nos alimentar de informação qualificada sobre caminhos diferentes para o futuro dos nossos países.

Cada um desses pensadores realiza uma crítica contundente ao chamado neoliberalismo, sob diferentes aspectos e com diferentes ênfases. É perfeitamente possível extrair alguns elementos comuns que têm grande eficácia argumentativa e, mais do que isso, encontram realização prática na gestão econômica atual de muitos dos países centrais. Esses elementos comuns nos servem de norte para pressionar a sociedade na busca de um novo Estado desenvolvimentista.

Passemos então à descrição desses elementos, buscando formar uma nova configuração de poder real, que seja capaz de realizar uma tarefa histórica em benefício das maiorias.

6
Mapeando o caminho

Um ponto já universalmente aceito pelas correntes do novo pensamento desenvolvimentista é o da Complexidade Econômica. É preciso almejar a complexificação da economia nacional. Todos os recentes estudos realizados pelos pesquisadores antes mencionados concluem, ainda que por denominações e caminhos diferentes, que apenas economias nacionais com grau relativamente alto de complexidade oferecem a suas sociedades condições de vida ótimas.

Claro, a complexidade não é uma bala de prata, não resolve o problema isoladamente. (Aliás, não existe bala de prata para o desenvolvimento). Mas, sem ela, o objetivo de longo prazo fica bem mais distante de se tornar realidade.

Concebido pelos pesquisadores Cesar Hidalgo e Ricardo Hausmann, o conceito de complexidade econômica pode ser resumido assim: é uma forma de observar e ranquear (classificar) a economia de um país em relação às demais, tomando como base a sua participação no comércio internacional.

Os pesquisadores observaram a pauta de exportação de cada país, utilizando para isso dois grandes critérios:

(1) diversificação das exportações do país;
(2) grau de sofisticação dessas exportações.

Observar a diversificação das exportações de um país é um critério essencialmente objetivo. É simples determinar se um país exporta produtos diversificados entre si ou não. Porém, como classificar o grau de sofisticação dos produtos exportados pelo país? O que define a sofisticação produtiva, de forma que não seja algo subjetivo, baseado em interpretação pessoal?

Hidalgo e Hausmann responderam a esta questão usando o conceito de ubiquidade. Em termos práticos, ubíqua é qualquer coisa que esteja em todos os lugares (por exemplo, na religião se fala muito da "ubiquidade de Deus", pois ele está em todos os lugares).

Na discussão da complexidade econômica, a ubiquidade funciona como um aproximador da sofisticação produtiva. Caso um país exporte um produto que poucos outros países exportam (como microchips, química fina, reatores nucleares etc.), este é um caso de baixa ubiquidade. Um produto que qualquer um exporta (como vários minérios, grãos e plásticos simples) tem alta ubiquidade.

A complexidade de uma economia acontece quando a pauta exportadora do país tem alta diversificação e baixa ubiquidade. Ou seja, quando o país exporta uma grande variedade de produtos, e dentre eles vários não são muito comuns na competição internacional. Ou seja, são produtos sofisticados. É claro que os avanços tecnológicos levam aquilo que hoje é sofisticado (baixa ubiquidade) a se tornar menos sofisticado (mais ubíquo) ao longo do tempo. Porém, isso não invalida o critério, e a complexidade econômica provou ser um instrumento útil para compreender as diferenças econômicas entre as nações.

Mesmo tendo compreendido o conceito de complexidade, pode-se argumentar que há países que apresentam baixa complexidade econômica, mas prosperaram.

Como dissemos, a complexidade não é uma bala de prata, mas um princípio orientador de políticas para o desenvolvimento. E, depois, basta uma análise simples sobre os *rankings* da complexidade publicados e atualizados no **Observatório da Complexidade Econômica** 🔗 ▼ para perceber uma fortíssima correlação entre complexidade e renda nacional.

> 🔗 OBSERVATÓRIO DA COMPLEXIDADE ECONÔMICA (OEC)
>
> *Site* criado pelo grupo Macro Connections no Media Lab do Massachusetts Institute of Technology (MIT), que, segundo a Wikipédia, tem por objetivo distribuir dados de comércio internacional de forma visual. Seu endereço é <https://oec.world>.

Países com alta complexidade tendem a ser mais ricos, o que constitui pré-condição para oferecer a suas populações melhores condições de vida por meio de todo tipo de ação pública em prol do bem-estar geral.

Sob a luz deste conceito recente, o debate sobre desenvolvimento ganha cores muito mais aceitáveis e úteis. Torna-se plenamente justificável advogar um novo ciclo de industrialização, pois apenas assim é possível aumentar a complexidade econômica do país. Contudo, é importante dizer que, devido às alterações no paradigma tecnológico, não bastará reativar indústrias do passado, pois estas a terão alta ubiquidade no mundo atual. Será necessário buscar inserção em novas tecnologias — sejam elas tangíveis ou não — para adentrar novos setores e novas cadeias de comércio internacional.

Neste ponto, é importante lembrar que não importa tanto se, pelo paradigma antigo, as novas atividades são consideradas no "setor de serviços" ou no "setor industrial", simplesmente pelo fato de que as novas tecnologias diluíram a clareza dessas fronteiras. Mas isso não significa que as atividades econômicas não possam ser classificadas por sua capacidade de encadeamento com outras atividades, sua demanda por trabalho socialmente dividido, sua tendência à inovação e seu valor agregado. Atividades com alta divisão social do trabalho, grandes potenciais de sinergia técnica, muito encadeadas com outros setores, tendentes à inovação e com produtos de alto valor adicionado são a própria definição de indústria. Se a atividade é manufatureira, ou se ela se integra à manufatura, ou se ela se realiza como serviço para outras atividades, não importa tanto quanto dispor dessas qualidades.

A aquisição de complexidade produtiva para uma economia, como já foi mencionado, não é fruto espontâneo; ela depende de intenção do Estado em associação com empresas privadas, universidades, instituições variadas e apoio da sociedade. Isto porque falar em complexidade econômica é muito diferente de falar em "abrir fábricas". Antigamente, era possível simplesmente abrir fábricas e gerar possibilidades de desenvolvimento. Hoje, é necessário pensar em setores e polos produtivos em interação. A expressão que costumamos usar para definir a configuração geográfico-econômica de uma nova indústria é: rede produtiva complexa. O Estado desenvolvimentista contemporâneo deve ter como objetivo a formação de redes produtivas complexas em seu território.

Com o perdão do trocadilho, produzir complexidade econômica se tornou muito complexo. Não é trivial realizar esse nível de planejamento econômico, com todos os aspectos implicados e os altos investimentos requeridos. Assim, a maneira que vem sendo concebida para realizar o novo trabalho do Estado desenvolvimentista é pelo conceito de "missão".

As missões pelo desenvolvimento são projetos com planejamento específico e objetivos definidos.

Elas se caracterizam por estabelecer um grupo definido de agentes públicos e privados, um cronograma de objetivos a atingir e resultados factíveis a cada etapa. Também têm como característica a flexibilidade e a adaptabilidade, sem se fixar em diagnósticos temporais ou realidades de momento.

O desenvolvimento por missões, enfim, é o método moderno pelo qual um Estado desenvolvimentista pode induzir mudanças significativas na sua estrutura produtiva, conectando em rede uma ampla variedade de agentes, inclusive empresas privadas, sem adotar intervenções violentas sobre a economia e em diálogo com a sociedade. Porém, ao estabelecer objetivos de longo prazo, as missões pelo desenvolvimento não abrem mão da intencionalidade do Estado de direcionar a economia no rumo da sofisticação produtiva e do crescente bem-estar social.

7
Políticas públicas atuais para produzir desenvolvimento

As políticas públicas de desenvolvimento contemporâneas são mais bem estruturadas segundo a proposta de missões. Como vimos, as missões pelo desenvolvimento são projetos específicos, flexíveis e múltiplos. Elas comportam grande variedade de agentes econômicos públicos e privados, além de agentes científicos e educacionais, agentes sociais de base, podendo também compor seus financiamentos com diferentes fontes e métodos de administração. A ideia é que elas sejam sempre unidades de ação coordenada ágeis o bastante para não ficarem presas a procedimentos burocráticos ou a impasses financeiros.

A configuração de missões pelo desenvolvimento como as que propomos aqui depende de inovações institucionais. No caso brasileiro, seria ideal que novas permissões legais fossem estabelecidas para dar ao Estado — e especificamente a certas áreas do Estado, como os institutos de pesquisa científica e tecnológica, as universidades etc. — mais liberdade de ação e execução de projetos, visando deixar fluir os processos criativos e empresariais.

É sabido que o Brasil tem um nível respeitável de produção científica em diversas áreas, mas pouco do conhecimento produzido se torna produto industrialmente comercializável. Sem completar o ciclo de desenvolvimento, o país se abstém de usufruir comercialmente das inovações que consegue produzir. Não é de estranhar que, diante disso, o Brasil seja um exportador de cérebros: um país que forma profissionais altamente qualificados, mas não oferece a eles um lugar à altura de suas capacidades na estrutura produtiva nacional. E, sejamos claros, não se trata apenas de desafios profissionais à altura das pessoas, mas também de remuneração compatível com a qualificação delas e com todo o investimento que precisaram fazer em sua formação.

As inovações institucionais necessárias para dar ao Estado novas capacidades de planejamento devem incluir todos os potenciais imagináveis sob um olhar criativo. É necessário observar os potenciais naturais e culturais (biodiversidade, sociodiversidade, geologia, hidrologia etc.), assim como os potenciais socialmente constituídos ao longo do tempo. Entre estes últimos, contam-se universidades, laboratórios, centros de pesquisa, departamentos de pesquisa e desenvolvimento de empresas privadas, escolas técnicas, associações profissionais de diversas categorias, centros técnicos de procedimentos industriais, estrutura de tecnologia da informação, prestadores de serviços sofisticados, *fab labs* — isto é, laboratórios de fabricação digital —, redes de inventores, grupos de programadores e *hackers*, coletivos de artesãos e cooperativas populares, comunidades locais e tradicionais. Portanto, é preciso conhecer e observar o tecido social do país como um todo, visando sua ativação produtiva sob os mais variados tipos de projeto com potencial de constituir riqueza em distintas escalas e territórios.

Nota-se, assim, que a noção de missões pelo desenvolvimento pode ser tão ampla quanto a realidade do país que decide colocá-las em andamento. O caso brasileiro é, na realidade, muito rico e particular, pois a imensa diversidade do país é um manancial de oportunidades não percebidas. O que nos faz ignorá-las não é uma pobreza intrínseca da sociedade; não é a tão comentada deficiência educacional da maioria do povo. Ao contrário, o que faz o Brasil deixar passar tantas oportunidades latentes na sociedade é a estreiteza de visão do chamado "andar de cima", isto é, o segmento social que comanda o Estado e determina as políticas públicas. É claro que as políticas públicas de um Estado comandado pelas classes dominantes reproduzirão seu olhar estreito e insuficiente sobre a realidade.

No entanto, nada disso muda o fato de que uma estratégia de desenvolvimento por missões é possível, desejável e está relativamente ao alcance da mão. Cabe ao Brasil, muito mais do que criar condições para elas, criar a massa crítica na sociedade que entenda este caminho e o reivindique.

Feitas as ressalvas, este livro abre uma oportunidade de propor um exercício de imaginação institucional relativo ao potencial futuro de desenvolvimento do Brasil. Que tipos de políticas públicas de desenvolvimento poderiam ser pensadas como embrião de missões de Estado para neoindustrializar o país? A pergunta feita é diferente daquela que pouco se discute na grande imprensa na atualidade. Quando, raramente, os temas da indústria e da desindustrialização brasileiras aparecem nos jornais, é pela voz de debatedores que apregoam um receituário insuficiente, como melhorias no sistema tributário, abertura comercial e atualização tecnológica. Estas não são políticas suficientes para uma neoindustrialização. No máximo, dão um sopro de competitividade à indústria nacional que restou, o que é, obviamente, muito pouco para almejar o desenvolvimento socioeconômico.

É bom lembrar que a digitalização de uma fábrica de calças e camisas não transforma a empresa em nada além de uma moderna fábrica de calças e camisas. É a isso que se resumem as intenções de futuro do empresariado brasileiro? Nos parece que, em muitos casos, a resposta é "sim", o que confirma uma vez mais a necessidade de que o Estado defina as missões pelo desenvolvimento. Que não seja por nenhuma das razões antes mencionadas, que seja pelo grau de ambição que só as políticas de Estado conseguem ter, pois as propostas apresentadas pelo empresariado industrial que restou são insuficientes, apequenadas e tímidas.

Há, sim, perspectivas de futuro muito maiores e mais nobres para o Brasil. Todas elas, contudo, dependem de uma ação coordenada pelo Estado, incluindo uma grande diversidade de agentes. Vamos, então, ao exercício de imaginação institucional para construir a nova economia industrial do Brasil.

Dono da maior biodiversidade do planeta, o Brasil tem em seu território um manancial de riquezas praticamente inesgotável. Hoje, essa riqueza é tratada de forma bruta, medida em toneladas de matéria-prima. São árvores derrubadas em larga escala, pastos abertos em larga escala, minerações de larga escala na superfície e no subsolo. Nada disso chega sequer próximo de uma economia que veja o patrimônio natural presente no território brasileiro como *informação*. Se a economia do futuro é a economia do conhecimento, em que o valor é proporcional à quantidade de conhecimento incorporada no produto, é óbvio que onde há muita "informação em estado bruto" há matéria-prima para novas indústrias do conhecimento. Assim sendo, os biomas Amazônia, Cerrado, Pantanal e Semiárido devem deixar de ser vistos como plataformas de exploração natural para se tornar plataformas de concepção.

A massa natural de megabiodiversidade presente nesses territórios é extremamente densa em informação. Uma plataforma de concepção para eles seria equivalente a uma mineração do conhecimento guardado na enorme biblioteca natural. De posse dos conhecimentos detectados (seivas, óleos, extratos, tecidos, secreções, hormônios, proteínas, microestruturas e macroestruturas biológicas, um universo molecular e submolecular), podem-se desenhar projetos produtivos em ampla escala. E não apenas em cosméticos e biofarmacêutica, que são as ideias mais evidentes. Uma neoindústria de base biológica assentada sobre os biomas brasileiros pode chegar à nutrologia complementar, à medicina esportiva, à nova química fina não derivada de petróleo, a novos materiais, à mimetização de estruturas moleculares para inovar o formato e a função de diversos componentes... Grandes conhecedores dos biomas e das ciências que os podem explorar são as pessoas mais capazes de levar esta lista de potenciais a uma virtual infinitude.

Outra missão pelo desenvolvimento que está madura para ser iniciada no Brasil é a substituição de importações do agronegócio. A agricultura moderna é intensiva em equipamentos, química e sistemas de controle (nos quais se incluem tecnologia da informação, satélites, drones e outros implementos de *hardware* e *software*). Ocorre que a atividade agropecuária brasileira de hoje está quase completamente concentrada em plantio, colheita e exportação. As implementações tecnológicas que conferem a alta produtividade da agropecuária brasileira são, quase todas, importadas ou fornecidas por multinacionais instaladas em solo brasileiro. Isso significa que grande parte dos recursos econômicos gerados por exportação de grãos e carnes são direcionados para fora do país por meio de compras e contratos de serviço de tecnologia cujos donos e centros de decisão estão fora do país. Sendo assim, o agronegócio não se torna um recurso capaz de gerar os encadeamentos necessários para transformar a atividade econômica mais pujante do Brasil de hoje em um vetor de desenvolvimento. Urge perceber, ativar e aumentar a participação de produtores nacionais no fornecimento dessas tecnologias. Esta é uma missão relativamente simples de implementar.

Uma política de transformação da indústria aeroespacial brasileira em uma rede produtiva complexa também tem grandes chances de se viabilizar. Hoje, a cidade paulista de São José dos Campos, no Vale do Paraíba, concentra empresas que se relacionam tecnológica e comercialmente no setor de mais alta sofisticação em atividade na economia brasileira. A Embraer, como é publicamente sabido, é a empresa nacional mais destacada desse setor produtivo. Mas, exatamente pelo alto potencial de agregar valor, o polo tecnológico de São José dos Campos deveria ser levado a um novo patamar de atuação. É preciso integrar as empresas nacionais do polo em um ecossistema de inovação dedicado a ampliar o alcance nacional na tecnologia aeroespacial. A própria Embraer tem muito a se avolumar como empresa de aeronáutica civil, executiva e militar. Uma ampliação de seus horizontes tecnológicos deve ser pensada em acordo com a integração (e surgimento, quando for o caso) de empresas menores. A empresa brasileira de aviação pode ser o centro de um novo *cluster* industrial de alta tecnologia, mas, para isso, é necessário que o Estado volte a participar da vida desse polo, promovendo sua ampliação por meio de encomendas tecnológicas e projetos de longo prazo. No caso específico, é preciso comentar que parte da missão é exercitada no comércio exterior. O Estado precisaria atuar de forma contundente no apoio às exportações da Embraer, considerando uma participação maior de componentes e sistemas nacionais em seus aviões e serviços associados.

Igualmente interessante é a oportunidade de implementar uma missão pelo desenvolvimento ligada ao setor das tecnologias de eletrificação. Como é sabido, o mundo está deixando os combustíveis fósseis para energizar os veículos de passeio e de transporte de passageiros com eletricidade. Embora haja críticas pertinentes a esse movimento, porque a maior parte da matriz elétrica do mundo, hoje, também é baseada em queima de combustíveis fósseis, o fato que nos cabe abordar aqui é a evidente movimentação industrial para substituir carros e ônibus movidos a gasolina e diesel por elétricos.

Neste panorama, o Brasil tem uma oportunidade muito significativa, pois, ao longo do ciclo de desenvolvimento industrial do século 20, o país conseguiu conquistar um lugar digno entre as empresas mundiais de motores elétricos e outros equipamentos, como alternadores, motorredutores, transformadores etc. É relativamente simples pensar no estabelecimento de uma conexão produtiva inovadora entre as produtoras desses equipamentos, as fabricantes nacionais de baterias elétricas e as de chassis e carrocerias para veículos automotivos. Com que intenção? Lançar uma marca nacional de veículos elétricos? Dificilmente a estratégia renderia bom resultado, pois, quando se chega ao ponto de discutir marcas de produto final, começam as disputas de alto nível com as corporações do oligopólio internacional. O Brasil poderia optar por fornecer sistemas fechados de chassis, motores, baterias, componentes estruturais e carrocerias para o oligopólio automotivo. Assim, estaríamos reintegrados à cadeia mundial do veículo automotivo (agora elétrico) de maneira mais altiva do que simplesmente recebendo montadoras multinacionais em troca de benefícios fiscais e uma quantidade não tão grande assim de empregos formais.

Outra missão com significativo potencial de gerar *spin-offs* (que é quando um projeto produtivo se desdobra em outros projetos e outras empresas) é a indústria de defesa. Muita gente não sabe, mas existe ainda no Brasil o que se chama Base Industrial de Defesa. São empresas públicas e privadas que manufaturam e comercializam equipamentos, componentes, consumíveis e outros produtos ligados às áreas militar e de polícia. Este é um tema geralmente cercado de preconceitos por todos os lados, pois há quem argumente que o Brasil não deve gastar um centavo com sistemas de defesa, monitoramento e controle de território etc., e há quem só observe esse importante setor econômico pelo prisma de um militarismo conceitualmente limitado. Ora, o horizonte de um país sem forças armadas e sem polícias está fora da realidade imediata. Portanto, o mais inteligente a fazer é perceber as muitas oportunidades econômicas que se abrem ao mobilizar capital produtivo em uma indústria específica para tais segmentos. Assim, o Brasil tem muito a ganhar com a ampliação de programas industriais de alta complexidade, como o programa de construção de submarinos (no qual se desenvolve a tecnologia da propulsão nuclear), o de aviões de caça em parceria com a Suécia, a retomada de projetos pontuais de veículos de combate e a reintegração das fabricantes nacionais de armamentos aos projetos públicos de investimento e geração de tecnologia.

Mais uma missão que merece estudo e consideração para um futuro Estado desenvolvimentista é a transformação da farmacêutica brasileira em setor com ambições internacionais. Este foi um dos poucos setores que, no último ciclo de políticas industriais, no início do século 21, percebeu de fato um crescimento estrutural significativo. Desde o final do século passado, o Brasil conseguiu, por meio da Lei dos Genéricos, uma via de possibilidades reais para instituir uma farmacêutica nacional de grande porte. Em seguida, o Banco Nacional de Desenvolvimento (BNDES) mobilizou esforços no programa Profarma, logrando com isso estabelecer um grupo de grandes empresas nacionais de medicamentos. Porém, na maioria dos casos, são empresas com portfólio de produtos ainda limitado aos genéricos ou pouco mais do que isso. Não dispomos de uma farmacêutica que dispute os bilionários mercados mundiais; portanto, mesmo que seja excelente o que o Brasil constituiu, há um horizonte muito mais amplo a almejar.

O mesmo vale para o complexo industrial da saúde, entendido de maneira ampla. A pandemia de Covid-19 mostrou como é dramática a situação de dependência econômica e tecnológica em relação a equipamentos e insumos relacionados a serviços de saúde. Quem não se recorda dos famosos respiradores, cuja falta levou o Brasil a entrar em ritmo de mutirão industrial para poupar vidas de cidadãos acometidos pela doença? Reduzir o alto nível dessa dependência é tarefa prioritária, que, se for bem realizada, também significará uma grande oportunidade. Hoje, ter um complexo industrial de saúde é um elemento-chave para garantir provisão imediata de soluções para a população e, além disso, uma porta de entrada de alto nível para um mercado mundial estável e provavelmente crescente.

No caso específico, a missão pelo desenvolvimento tem uma vantagem adicional no caso brasileiro, chamada Sistema Único de Saúde (SUS). Este é um demandante permanente de todos os tipos de equipamentos e insumos para hospitais, centros de recuperação, unidades básicas etc. Com as compras governamentais direcionadas para empresas nacionais do setor, que tende a ter nível tecnológico médio-alto ou mesmo alto, rapidamente sua ativação espalharia benefícios econômicos pela sociedade como um todo.

Aqui estão apenas algumas propostas, apresentadas de maneira pouco elaborada. Podem ser acusadas de insuficiência, dada a sua apresentação sem embasamento em estudos econômicos, de engenharia, análise de custos de oportunidade e uma série de outras pré-condicionantes. Sim, em um livro introdutório como este, é plenamente tolerável não apresentar muito mais do que esboços. Porém, os planos mencionados em linhas gerais são exequíveis até que se prove o contrário.

Ademais, é forçoso reconhecer que a expressão "política industrial" (antigo nome do que ora chamamos "missões pelo desenvolvimento") deixou de ser um palavrão. Desde que aplicadas as **características do neoliberalismo** 🔗 ▶, seria banido o conceito de política industrial, colocando-se em seu lugar uma ideia vaga de complementaridade entre os países. Bastaria que cada país se especializasse no que supostamente é sua vocação, e as trocas comerciais se encarregariam de satisfazer a todas as demandas de todos os lugares. A promessa era de que isso geraria riqueza mútua em todas as relações, possibilitando o desenvolvimento mundial pelo livre comércio. Mas se "esqueceram" de dizer que alguns países já tinham especialização em setores econômicos de altíssimo valor agregado, com enormes empresas oligopolizando os mercados, e muito controle proprietário das tecnologias desenvolvidas por essas empresas (sempre com generosas ajudas de seus Estados).

> ## 🔗 CARACTRÍSTICAS DO NEOLIBERALISMO
> **Alguns itens do receituário neoliberal:**
> - privatização de empresas estatais (não intervenção do Estado na economia);
> - livre circulação de capitais internacionais;
> - abertura para entrada de empresas e produtos estrangeiros (multinacionais);
> - adoção de medidas contra o protecionismo econômico;
> - redução de impostos e tributos (reforma fiscal favorável ao setor privado);
> - redução de verbas para programas sociais;
> - privatização da infraestrutura nacional por meio de concessões e parcerias público-privadas (PPPs).

Para países como o Brasil, essa ordem internacional reservaria a posição de "celeiro do mundo", grande provedor de alimentos e minérios, e não muito mais. Claro, para isso era necessário difamar e proibir as políticas industriais, que sempre foram o instrumento de Estados desenvolvimentistas para superar a dependência e chegar a patamares de renda e domínio de tecnologias mais próximos dos exibidos pelos países desenvolvidos.

Hoje, isso mudou. Com a ascensão chinesa, a sucessão de estúpidas crises financeiras nos mercados globais e a pandemia de Covid-19, o mundo voltou a praticar políticas industriais sem maiores problemas. Neste capítulo, foram esboçadas algumas para o Brasil dos nossos dias, que certamente precisariam ser estudadas e aprofundadas. Mas que, também certamente, podem dar enorme contribuição para dinamizar a economia brasileira rumo a uma nova matriz produtiva, de mais valor, mais encadeamentos, mais tecnologia, mais e melhor trabalho, mais educação e mais renda.

8
Desenvolvimento no Brasil do século 21

O Brasil entrou no século atual como uma grande promessa no cenário, que, acreditava-se então, traria grandes oportunidades para os países emergentes. Naquele momento, já havia forte suspeita em todo o planeta a respeito das políticas do Consenso de Washington. Sucessivos governos que contestavam aquele paradigma político e econômico foram eleitos na América Latina e em outros continentes também. Outro fator que desestabilizou a ideia de um consenso liberal mundial foi a recomposição da Rússia como país que defende sua soberania econômica – o que aconteceu após o primeiro choque liberal altamente lesivo à sua economia com abertura comercial indiscriminada e a desregulação financeira nos anos 1990, sob o comando de Boris Yeltsin. Pode-se criticar Vladimir Putin de muitas maneiras, mas é certo que sua popularidade na Rússia se deveu em larga medida às políticas de proteção do interesse nacional e de recomposição de estruturas produtivas importantes para o desenvolvimento do país.

Mas o grande fator para a derrota da visão neoliberal construída a partir dos anos 1980 foi a ascensão chinesa. Muitos argumentam que o Ocidente fez uma leitura equivocada do progresso econômico chinês, talvez considerando que o país asiático iria crescer como fábrica mundial de quinquilharias e produtos de menor valor, sem jamais ameaçar o predomínio dos Estados Unidos e da Europa no domínio de tecnologias complexas (e, portanto, em sua hegemonia global sobre mercados de alto valor). Porém, a China não apenas avançou sobre os territórios produtivos de maior valor, mas também o fez sob controle de um Estado desenvolvimentista forte e atuante. Ou seja, deslocou o eixo econômico e geopolítico e ainda estabeleceu um novo paradigma. Deixou de ser possível para os debatedores liberais contemporâneos argumentar que o progresso econômico dos países só é obtido pela ação de mercados livres.

Antes, dizia-se que o segredo de países como Estados Unidos, Inglaterra, França, Holanda, Alemanha, Suécia, Japão e alguns outros era o estímulo à atividade empresarial privada. Qualquer um que estuda o tema sabe que isso era uma desbragada mentira. O professor coreano Ha-Joon Chang, em seu livro *Chutando a escada*, refaz a história do crescimento de longo prazo dos países hoje desenvolvidos. Nele não aparece nem um único caso de desenvolvimento sem ação coordenadora do Estado visando ganhos tecnológicos e maior participação no comércio internacional. O problema é que, depois que eles sobem por essa escada, dão-lhe um belo pontapé, para que ninguém mais suba por ela. O chute na escada, no início do século 21, consistia em fazer o mundo acreditar em uma mentira histórica, a saber: que os países que se desenvolveram nos tempos anteriores haviam conseguido chegar lá apenas liberando as forças de mercado. Com a forte ascensão da China, toda ela baseada em projetos de Estado para a economia privada, surgiu um exemplo completo, concreto e incontestável de que o desenvolvimento socioeconômico depende da ação coordenadora do Estado para acontecer.

Mas, no início deste século, quando a hegemonia do pensamento econômico ainda estava relativamente forte no Ocidente, o Brasil fez uma experiência política parcialmente desenvolvimentista. Através dos excelentes mecanismos de que dispõe, graças aos ciclos anteriores de desenvolvimento, como o BNDES, a Petrobras, a Eletrobrás, o Banco do Brasil, a Caixa Econômica Federal (CEF), a Empresa Brasileira de Pesquisa Agropecuária (Embrapa), a Fundação Oswaldo Cruz (Fiocruz) e vários outros institutos e empresas públicos, o país pôs em ação algumas políticas de estruturação produtiva que poderiam ter dado grandes resultados.

Anteriormente, destacamos o Profarma como um dos melhores exemplos desse momento. De fato, o programa criou condições para que o país passasse a ter uma indústria farmacêutica de porte e complexidade médios, mas não deu os passos seguintes rumo à alta complexidade na produção de medicamentos. Em alguns outros casos, o país almejou dar passos significativos para o desenvolvimento, valendo mencionar a criação do Centro Nacional de Tecnologia Eletrônica Avançada (Ceitec); os programas de pesquisa da Petrobras para explorar petróleo na camada submarina pré-sal, assim como seus programas de combustíveis alternativos; o Prosoft-BNDES, que previa intensificar a participação brasileira na economia digital por meio de novos *softwares* e programas eletrônicos; o Finame, para facilitar a aquisição de máquinas e equipamentos; o apoio à criação de uma estrutura de petroquímica nacional; a instauração de uma Estratégia Nacional de Defesa com diversos objetivos industriais relevantes, e várias iniciativas que alcançaram diferentes graus de sucesso.

As duas grandes políticas federais estabelecidas nesse período foram a Política Industrial, Tecnológica e de Comércio Exterior (Pitce, novembro de 2003) e a Política de Desenvolvimento Produtivo (PDP, maio de 2008). Ambas tinham excelentes intenções, sendo a segunda mais detalhada e objetiva do que a primeira. Os resultados obtidos, no entanto, ficaram aquém do que se poderia esperar. O que faltou?

Esta é uma discussão que deveria ser feita com honestidade diante da urgente necessidade de retomar a prática de políticas para o desenvolvimento do país. Há críticas construtivas que vêm sendo feitas por destacados acadêmicos brasileiros nos anos recentes. Existe a avaliação de que as políticas dos primeiros anos do século não objetivaram um ganho real de complexidade para a economia brasileira. Isto é parcialmente verdade se olharmos para além dos documentos que as propuseram. No papel, estavam desenhados objetivos destinados a atingir níveis tecnológicos relevantes para o país. Mas, na prática, apenas alguns casos lograram chegar perto da aquisição de uma complexidade produtiva real.

Por outro lado, a partir de certo momento, o governo fez uma aposta correta, porém arriscada, naquilo que no Brasil conhecemos como "campeãs nacionais". São empresas de grande porte que chegam a esse estágio com apoio estatal, a fim de que pudessem se destacar na competição global. É uma política muito malvista pelos comentaristas e debatedores liberais, por ser baseada em investimentos setoriais da área pública na economia privada. Como em qualquer país do mundo, este é o tipo de relação que pode descambar para apropriação indébita de recursos públicos, ou para absorção dos recursos pelas empresas sem entrega de resultados correspondentes. Na visão liberal, é o que bastaria para nunca mais praticar esse tipo de política. Ocorre que políticas similares foram responsáveis por montar grandes estruturas econômicas privadas em países como Japão, Coreia do Sul, Alemanha, Suécia, Estados Unidos (embora de maneira disfarçada). E, mais recentemente, na China.

É evidente que políticas de desenvolvimento produtivo, cedo ou tarde, precisam enfrentar a necessidade de formar grandes corporações privadas, cuja missão é ganhar o mundo em seus mercados. O que não se pode é aceitar que elas cresçam e não façam o que têm que fazer. Quando, no início deste século, o Brasil investiu em novas "campeãs nacionais", colheu resultados díspares. Uma das razões foi a escolha dos setores. Diagnosticar problemas depois que aconteceram é muito fácil, sabemos disso, mas não se pode deixar de apontar que, por exemplo, uma empresa campeã no setor de proteína animal era certamente menos importante do que uma campeã mundial em farmacêutica (que não chegamos a ter). Assim, esta linha de pensamento corrobora a crítica de que a complexidade produtiva das políticas recentes ficou aquém do desejável.

Também poderíamos levantar o tema da infraestrutura, pois é um ponto fundamental para processos sadios de desenvolvimento. Se o crescimento de longo prazo é uma condição para desenvolver países no capitalismo, é forçoso que haja condições materiais para a obtenção de melhores níveis de dinamismo econômico. É nessa hora que aparecem os chamados gargalos econômicos. Eles são vários, da estrutura tributária à qualidade das estradas. Mas, em tese, é muito mais simples e barato mudar a estrutura tributária de um país do que construir mais e melhores estradas. E a oferta de infraestrutura no Brasil é muito insuficiente para permitir um crescimento de longo prazo.

As infraestruturas econômicas compõem-se de obras e ativos fixos que prestam serviço econômico aos agentes produtivos — todas as estradas, pontes e vias urbanas, ferrovias, aeroportos e portos, transporte urbano, sistemas de geração e transmissão de energia, telecomunicações... Tudo, enfim, que pode dar mais competitividade e eficiência ao sistema econômico do país, ou tirar competitividade e eficiência econômica, caso seja insuficiente. As políticas de desenvolvimento do início do século atual optaram por forte investimento público e privado em infraestruturas. Porém, os especialistas no setor concordam que os programas foram mal em um aspecto que para infraestrutura é fundamental: o planejamento. Assim sendo, foi mais um elemento a contribuir para um resultado geral apenas parcial.

Contudo, apesar de todas essas colocações, desejamos pôr em relevo um aspecto que consideramos indispensável para entender a experiência brasileira recente. E mais importante ainda para nos alertar sobre possibilidades futuras. Estamos falando da macroeconomia.

Os primeiros anos deste século encontraram o planeta em estado de suspeição frente ao Consenso de Washington. Mas no Brasil, embora passos ousados tenham sido dados fora do cercadinho das ideias liberais, a macroeconomia não mudou. Esta é a parte da economia que cuida dos chamados agregados econômicos. Ela estuda e determina políticas para os grandes números, as grandes tendências, que afetam o todo da economia nacional. Por exemplo, são aspectos macroeconômicos a renda nacional, o nível de poupança interna, o nível de investimentos, o nível de desemprego, o nível dos preços, o nível dos juros, o preço da moeda em relação ao dólar (taxa de câmbio), o valor dos salários. A visão sistêmica da macroeconomia conduz, necessariamente, ao uso desses elementos como se fossem alavancas de acionamento. Quando se mexe em uma delas, geram-se efeitos nas outras variáveis.

Para produzir um processo de desenvolvimento produtivo (ou seja, políticas setoriais em conjunto, que por isso são essencialmente microeconômicas), é fundamental que por cima delas exista um guarda-chuva macroeconômico que crie as condições para seu sucesso. Infelizmente, naqueles anos, o Brasil não contou com um correto conjunto de políticas macroeconômicas que conduziriam as políticas microeconômicas de desenvolvimento à plena realização de seus objetivos.

O dogma imposto aos países periféricos pelo Consenso de Washington ainda era muito forte. Assim, o país pretendeu realizar políticas públicas de desenvolvimento produtivo e industrial com uma macroeconomia contrária ao desenvolvimento. Por tempo longo demais, o Brasil se impôs taxas de juros altas demais, taxa de câmbio valorizada demais, exagerada prioridade de controle da inflação (mesmo quando não havia ameaça de descontrole), níveis de salário abaixo do desejável para sustentar a demanda interna no longo prazo, taxas de investimento em relação ao PIB baixas demais entre outros problemas.

O quadro macroeconômico que possibilita a execução de políticas de desenvolvimento é bem conhecido. É preciso que haja juros baixos (bem pouco acima da inflação) de forma perene, a fim de facilitar a tomada de crédito para investimentos, com a consequente dinamização de setores produtivos fundamentais. É preciso que o Estado esteja desimpedido de investir financeiramente na economia, sempre com a meta de agregar competitividade geral e eliminar gargalos ao crescimento (físicos, sociais e institucionais). É preciso que a taxa de câmbio esteja em um patamar competitivo, o que significa que os exportadores possam ser remunerados de forma interessante ao participar do comércio internacional e que a importação seja filtrada por um critério de necessidade real, eliminando a concorrência predatória do importado com o equivalente nacional. É preciso que o trabalho formal seja o normal, e não a exceção, a fim de garantir um mercado interno com estabilidade de demanda. É preciso que o controle da inflação não seja o objetivo único da política econômica, o que implica reconhecer que existe mais de uma causa para a inflação e que, quando ela se deve a um choque de oferta, não se justifica um choque de juros para reprimir a demanda.

É preciso, além disso, que a própria maneira de calcular a inflação seja mais sofisticada do que é hoje no Brasil, com leitura dos dados de preço em prazo maior e separando o que é pressão de demanda aquecida do que é gargalo de oferta. É preciso estabelecer metas de crescimento econômico anual e de participação no comércio internacional, sem, contudo, permitir aberturas comerciais indiscriminadas para atingir tais objetivos. É preciso regular a participação privada em setores sensíveis ou essenciais, como energia, infraestrutura e serviços financeiros.

Um panorama como o descrito cria as condições mínimas para a consecução de políticas de desenvolvimento. Sem algo parecido, são grandes as chances de que um bom projeto de desenvolvimento crie limitações para sua própria execução. Criar um quadro macroeconômico como o descrito é politicamente muito difícil em países cuja inserção internacional é periférica (pois há interesses internacionais em mantê-los não desenvolvidos) e países com elites internas organizadas economicamente em atividades que não contribuem para o desenvolvimento. O Brasil está em ambas as situações. Por isso, o desafio é duplo. E não custa lembrar que as elites internas usam nossa inserção internacional periférica para perpetuar as políticas que não conduzem a um crescimento de longo prazo com objetivo de nos desenvolver.

É a chamada dependência associada. As elites econômicas brasileiras participam como sócias de um jogo comercial e financeiro internacional em que oferecem o mercado interno do Brasil como oportunidade de negócio para seus associados estrangeiros. Como dizia a canção de Chico Buarque, batem no peito com **"orgulho de produtor"** 🔗 ▶, mas cada vez menos produzem de fato. Se tornaram intermediários de bens e serviços produzidos fora do país. Ou, quando iniciam negócios formando capital nacional, logo procuram sócios estrangeiros para desnacionalizar suas empresas e passar a viver da renda obtida com a aplicação financeira do capital. Somando-se a esse projeto de classe das elites, a macroeconomia conservadora com que pressionam os políticos, temos o Brasil que produz muito menos do que poderia, com muito menos qualidade e sofisticação produtiva do que poderia, e onde a maioria do capital se reproduz com aplicações financeiras improdutivas.

> *ORGULHO DE PRODUTOR*
>
> O verso citado pertence ao poema "O malandro", que integra a peça de teatro musical *Ópera dos três vinténs*, criada pelos alemães Bertolt Brecht (texto) e Kurt Weill (música) e estreada em 1928. Esta foi escrita para comemorar os duzentos anos de sucesso em cena de *The Beggar's Opera* ("*A ópera do mendigo*"), de John Gay, que desde 1728 vinha desbancando a hegemonia da ópera séria italiana em Londres, com seus personagens de marginalizados sociais. Seguindo a tradição, o brasileiro Chico Buarque de Holanda produziu em 1978 – cinquentenário da obra de Brecht-Weill – uma versão livre do musical alemão, sob o título de *Ópera do malandro*.

E aqui chegamos ao ponto nevrálgico da condição política para o desenvolvimento futuro do Brasil. O território onde terá que haver uma batalha para reiniciar o processo tem nome: sistema financeiro.

É no conjunto de mercados de ativos e serviços financeiros (bolsa de valores, mercados futuros, mercado de dívida pública, mercado de câmbio, derivativos em geral, fundos de investimento etc.) que o capital nacional se aloca preferencialmente para obter seus lucros. Em uma economia capitalista, isto não é considerado ilegal, mesmo porque as leis brasileiras para regulação da atividade financeira estão entre as mais frouxas quando se trata do que o capital financeiro pode ou não pode fazer. Mas as distorções geradas são evidentes. Há capital demais circulando em atividades improdutivas, o que incentivar ainda mais alocação de capital nessas mesmas atividades e acaba consolidando a percepção de segurança contra riscos econômicos justamente naquele local da economia onde o risco é mais elevado. Tais são as contradições do Brasil.

Assim, a economia real (indústrias, comércio, prestação de serviços) se vê desprovida de excedentes de capital para se expandir. Cria-se o ciclo perpétuo de baixo crescimento, que tem efeitos negativos sobre toda a vida da sociedade. É notório, por exemplo, como as gerações mais jovens vêm perdendo perspectivas de futuro e se sentem cada vez mais incapazes de planejar suas vidas no longo prazo. Em razão disso, perdem o incentivo para buscar mais anos de estudo, não procuram se profissionalizar e terminam por aceitar a informalidade e a instabilidade laboral como destino. Não surpreende que muitos não consigam deixar as casas de seus pais, nem que muitos jovens tenham passado a depender da ajuda de familiares mais velhos.

E, como a fatia da renda nacional administrada pelo sistema financeiro só cresce, ele já começou a buscar mais capital em novos lugares, como a Previdência Social e os fundos de pensão de empresas públicas. Mais adiante, seu plano é transformar bens e serviços essenciais (energia, água, combustíveis, educação, saúde) em ativos financeiros para negociação nos mercados. Vai sobrando cada vez menos sob a administração pública e, portanto, cada vez menos à disposição da sociedade sem que sejam cobradas crescentes tarifas. Que sentimento pode predominar na sociedade, senão o de um profundo mal-estar coletivo?

Combater este estado de coisas é importante, mas existem diferentes perspectivas para tanto. Nossa opinião é que não basta simplesmente apontar o erro fundamental da ordem neoliberal, sem estabelecer uma meta social e econômica para o país radicalmente oposta ao que temos agora. Portanto, não será com políticas compensatórias ou com alívios sociais de qualquer tipo, modelo e formato que vamos desmontar a máquina de desigualdades e infâmia. As ideias de redistribuição da riqueza por simples transferência direta de renda são bem-intencionadas, é verdade, mas são também essencialmente limitadas. Não são suficientes para desativar a bomba relógio que o neoliberalismo implementou na sociedade do Brasil e de vários outros países. Sem que haja uma política econômica firme e determinada de crescimento de longo prazo, originado em formação de capital produtivo local, com pleno emprego de mão de obra o mais formal possível, visando a expansão qualificada da produção doméstica para retornar de maneira altiva às relações internacionais de comércio, as transferências de renda serão sempre apenas um frágil paliativo destinado a desaparecer com as mudanças do ciclo político. Bastará ao sistema financeiro indicar que "o Estado está gastando demais", e forçar uma alta de juros através de uma escandalosa propaganda inflacionária (filme que já vimos mais de uma vez), e todo o esforço bem-intencionado se esvairá.

Por outro lado, a proposta de um Brasil desenvolvido tem força moral e intelectual de longo prazo. Ela é capaz de mobilizar a sociedade e unificar os diferentes em torno a um objetivo que é comum a todos: um padrão de vida melhor ao longo dos anos, e não até as próximas eleições. De fato, o desenvolvimento nacional é uma ideia que não é nem "de direita" nem "de esquerda". É uma questão de interesse coletivo e uma responsabilidade do Estado.

Além disso, convém dizer que o desenvolvimento, por todas as suas pré-condições e necessidades, contém o antídoto para o problema imediato. Sendo muito claro: o neoliberalismo financista pode conviver com transferências de renda e políticas sociais focalizadas, mas só é incompatível com um Estado desenvolvimentista que oriente a sociedade na direção do bem-estar geral no longo prazo.

A realidade brasileira nesta primeira metade do século 21 é a de um país que, mais uma vez, está vendo o mundo mudar sem fazer absolutamente nada. Enquanto mais e mais governos de todas as orientações políticas vêm abandonando o Consenso de Washington e investindo dinheiro público em recomposição das bases produtivas nacionais, o Brasil está interessado em abrir a economia, cortar gastos públicos, privatizar e, no máximo, oferecer compensações sociais aos muito pobres. A estabilização permanente não dá certo, nunca deu e nem vai dar. Mas nosso caso tem inúmeras especificidades, pois uma coisa é a Europa retomar suas políticas industriais tradicionais, outra é o Brasil desejar se alçar como país relevante no cenário mundial. Há dificuldades adicionais para o Brasil, mas também há oportunidades que antes não existiam.

Cabe à sociedade acordar e formar a massa crítica necessária para mudar o rumo da história no sentido que desejamos. Em lugar de um destino de país pobre e subdesenvolvido, um antidestino de ousadia e altivez. Este livro quer estimular essa coragem coletiva.

Palavras finais

Para além de tudo o que foi comentado e, de certa forma, devido a tudo o que aqui falamos, o desenvolvimento cumpre o papel de agenda política integradora e mobilizadora. Por estarmos em um país periférico, tendo inserção internacional subordinada tanto em termos tecnológicos quanto comerciais, o desenvolvimento adquire força moral e intelectual ímpar para o debate brasileiro. Sempre foi assim, mas, como tentamos explicitar, de algumas décadas para cá, apagou-se o grande horizonte de futuro do ideário nacional. Em seu lugar, metas pontuais foram apresentadas, sempre modestas e defendidas a pretexto de realismo. O resultado dessa troca foi, como era previsível, uma estagnação geral, não apenas econômica.

Hoje, o desenvolvimento – entendido como ideia-força de mobilização de um país – é o elemento geral e amplo que pode destravar o Brasil de suas várias estagnações: aquela na economia, mas também na política, na intelectualidade, na cultura, na estética, nas artes e no próprio seio da vida social enfim.

Saber mais

LIVROS

AMSDEN, Alice A. *A ascensão do "resto"*. Os desafios ao Ocidente de economias com industrialização tardia. São Paulo: Editora Unesp, 2009.

CARVALHO, André Roncaglia de. *Brasil, uma economia que não aprende*. Novas perspectivas para entender nosso fracasso. São Paulo: Edição do Autor, 2020.

CHANG, Ha-Joon. *Chutando a escada*. A estratégia do desenvolvimento em perspectiva histórica. São Paulo: Editora Unesp, 2004

FURTADO, Celso. *Formação econômica do Brasil*. 24ª ed. São Paulo: Editora Nacional, 1991.

MAZZUCATO, Mariana. *O estado empreendedor*. Desmascarando o mito do setor público vs. privado. São Paulo: Portfólio-Penguin, 2014

FILMES

A Dama de Ferro
2011, RU, FR, direção: Phyllida Loyd

Antes de se posicionar e adquirir o *status* de verdadeira Dama de Ferro na mais alta esfera do poder britânico, Margaret Thatcher precisou enfrentar vários preconceitos na função de primeira-ministra do Reino Unido em um mundo até então dominado por homens. Foi ferrenha defensora do conservadorismo e do liberalismo clássico. Durante a recessão econômica causada pela crise do petróleo no fim da década de 1970, a líder política tomou medidas impopulares, visando a recuperação do país. Seu grande teste, entretanto, foi quando o Reino Unido entrou em conflito com a Argentina na conhecida e polêmica Guerra das Malvinas (abril-junho de 1982).

A grande aposta
2015, EUA, direção: Adam McKay

Michael Burry é dono de uma empresa de médio porte, que decide investir muito dinheiro do fundo que coordena ao apostar que o sistema imobiliário nos Estados Unidos irá quebrar em breve. Tal decisão gera complicações junto aos investidores, já que nunca antes alguém havia apostado contra o sistema e levado vantagem. Ao saber desses investimentos, o corretor Jared Vennett percebe a oportunidade e passa a oferecê-la a seus clientes. Um deles é Mark Baum, dono de uma corretora que enfrenta problemas pessoais desde que seu irmão se suicidou. Paralelamente, dois iniciantes na Bolsa de Valores percebem que podem ganhar muito dinheiro ao apostar na crise imobiliária e, para tanto, pedem ajuda a um guru de Wall Street, Ben Rickert, que vive recluso.

Capitalismo: uma história de amor
2009, EUA, direção: Michael Moore

Michael Moore apresenta uma análise de como o capitalismo corrompeu os ideais de liberdade previstos na Constituição dos Estados Unidos, visando gerar lucros cada vez maiores para um grupo seleto da sociedade, enquanto a maioria perde cada vez mais direitos.

Eu, Daniel Blake
2016, RU, FR, BE, Direção: Ken Loach

Ao sofrer um ataque cardíaco e ser desaconselhado pelos médicos de retornar ao trabalho, Daniel Blake busca receber os benefícios concedidos pelo governo a todos os que estão em situação semelhante à dele. Entretanto, esbarra na extrema burocracia instalada pelo governo, amplificada pelo fato de ele ser um analfabeto digital. Numa de suas várias idas a departamentos governamentais, conhece Katie, a mãe solteira de duas crianças, que se mudou recentemente para a cidade e também não tem condições financeiras para se manter. Após defendê-la, Daniel se aproxima de Katie e passa a ajudá-la.

Você não estava aqui
2020, RU, FR, BE, direção: Ken Loach

Após a crise financeira de 2008 nos Estados Unidos, Ricky e sua família se encontram em situação precária. Ele decide adquirir uma pequena van, com a intenção de trabalhar em entregas, enquanto sua esposa luta para manter a profissão de cuidadora. No entanto, o trabalho informal não traz a recompensa prometida e, aos poucos, os membros da família passam a ser jogados uns contra os outros.

Sobre o autor

Sou jornalista de economia e escritor. Minha maior experiência profissional foi na cobertura de setores econômicos ligados à indústria. Conheci muitas empresas industriais de diversos setores e subsetores, tanto no Brasil como em diversos países da América Latina, nos Estados Unidos, na Europa e em alguns lugares da Ásia.

Aprendi por experiência que o desenvolvimento econômico tem uma face muito prática. Países que gozam de altos padrões de vida têm estruturas produtivas robustas, quase sempre marcadas por forte presença de indústrias modernas de alta tecnologia.

Essa percepção me levou a fundar o projeto Revolução Industrial Brasileira (RIB), com o qual procuro informar a população a respeito das possibilidades reais de desenvolvimento para o Brasil (https://rib.ind.br/). Sou também autor de livros de ficção que focalizam temáticas econômicas, uma experiência curiosa com a qual exploro uma conexão incomum. Em dezembro de 2021, publiquei, pela Editora Flyve Cult, O *Ancap*, sigla para anarcocapitalista, que designa libertários e ultraliberais. Creio que a economia se tornou fonte de angústias para as maiorias sociais, fazendo jus a um tratamento cultural adequado por meio de romances e de narrativas breves.

Instagram: @fausto.oliveira.oficial
Twitter: @fausto_oli

COLEÇÃO
INQUIETAÇÕES CONTEMPORÂNEAS

Idealização da coleção
Helena Maria Alves

Direção editorial
Mirian Paglia Costa

Coordenação editorial
Maria Ângela Silveira de Souza

Direção da coleção
Diego Pautasso

Coordenação da coleção
Caio Riter

Preparação & Revisão
Pagliacosta Editorial

Revisão técnica
Edson Antoni

Projeto gráfico, capa e diagramação
Juliana Dischke

Impresso no Brasil
Printed in Brazil

Formato – 12 X 18 cm
Mancha – 7,9 X 14,9 cm
Tipologia – Britannic e Minion
Páginas – 120